領域「人間関係」
乳幼児期にふさわしい生活で育む

河合 優子
大澤 洋美 編著
佐々木 晃

ミネルヴァ書房

はじめに

　乳幼児期は初めて他者と出会い，愛着関係を築き，他者への信頼を獲得していくなど，生涯にわたる人間関係の土台を培う重要な時期です。現代では少子化や生活スタイルの変容による遊ぶ時間や場所などの減少が，子どもたちの人とのかかわりに影響を及ぼしています。さらに新型コロナウイルス感染症によるパンデミックで，人とのふれあいの困難さに直面したところです。また，ICTの発展は，ネットショッピングやセルフレジの普及など私たちに便利さをもたらす一方，人とかかわることなく生活が成り立つ場面も多くなってきました。だからこそ，幼児教育施設においては，子どもたちが様々な人と直接的にかかわりながら，実体験を通じて人間関係を育んでいくことを大切にしていく必要があります。

　本書は，乳幼児期に人とかかわる力を育む幼児教育の実践について，領域「人間関係」の視点から解説しています。幼稚園教育要領，保育所保育指針，幼保連携型認定こども園教育・保育要領（以下，「要領・指針」とする）に基づき，乳児の保育，1歳以上3歳未満児の保育，3歳以上児の保育に対応できる内容構成となっています。さらに，子どもの発達や学びをつなぐ小学校との接続や，家庭や社会との連携，ICT等の活用をめぐる状況など，現代的な内容を幅広く扱っています。

　第Ⅰ部は，領域「人間関係」に関する専門的事項として，理論的な内容が中心となっています。各々の内容にかかわる事柄について要領・指針を中心としつつ，心理学的側面や子どもを取り巻く現代社会における課題等，多様な観点から解説しています。乳幼児期において人間関係を育む意義，保育実践に必要となる基本的・基礎的知識について学び，理解を深めることを目指しています。

　第Ⅱ部は，領域「人間関係」の指導法として，年齢等に対応した実践的な内容を中心に構成しています。実践事例等を通して，乳幼児期にふさわしい生活の中で人とのかかわりを育むための環境構成や方法，指導のあり方等について具体的に学ぶことができるようになっています。

　保育者を目指す学生のみなさんが領域「人間関係」の内容や実践への理解を深めるとともに，現職の保育者のみなさんが改めて理論と実践を結びつけてとらえ，より豊かな保育を展開されることを願っております。

2023年11月

編者を代表して　河合優子

目　　次

第Ⅱ部　子どもの発達と人間関係

第 I 部

領域「人間関係」とは

第 1 章　幼児教育の基本

学びのポイント

● 現行の幼稚園教育要領，保育所保育指針，幼保連携型認定こども園教育・保育要領の背景について学びましょう。
● すべての幼児教育施設で重要な「幼児教育の基本」について理解を深めましょう。
● 現在の子どもを取り巻く課題等について考えてみましょう。

> 子どもたちの健やかな心身は，乳幼児期にふさわしい生活の中で育まれます。幼稚園教育要領，保育所保育指針，幼保連携型認定こども園教育・保育要領（以下，「要領・指針」とする）に 5 領域等で示されている保育内容も，こうした生活を通して子どもたちに届きます。この章では，領域「人間関係」を学ぶにあたり，すべての幼児教育施設で踏まえる必要がある幼児教育の基本を確認します。

1　幼児教育の重要性

　乳幼児期の教育・保育は生涯にわたる人格形成の基礎を培う重要なものです。人生の始まりである乳幼児期に，どのような環境でどのような人と出会い，どのように生活をするのかが，その人の人生に大きな影響をもたらします。

　子どもは「知りたがりや」で「やってみたがりや」です。関心をもった物事には自分から近づき，触れ，扱ってみるなど，能動性[1]を大いに発揮しながら自分の世界を広げていきます。環境との相互作用の中で体験を深め，そのことが子どもの心を揺り動かし，次の活動を引き起こします。そうした体験の連なりが幾筋も生まれ，子どもの将来へとつながっていくのです。

1　幼児教育施設における教育・保育

　日本の幼児教育は大きく分けると，幼稚園，保育所，認定こども園の 3 つの類型の施設において行われ，小学校就学前の教育・保育における重要な役割を果たしています。それぞれ，要領・指針に，教育課程等や

▷ 1　能動性
幼児教育では幼児期の発達を促すために必要なこととして，幼児期の能動性という視点を重視している。
・人は周囲の環境に自分から能動的に働きかけようとする力をもっていること。
・幼児期は能動性を十分に発揮することによって発達に必要な経験を自ら得ていくことが大切な時期であること。
・能動性は，周囲の人に自分の存在や行動を認められ，温かく見守られていると感じるときに発揮されるものであること。

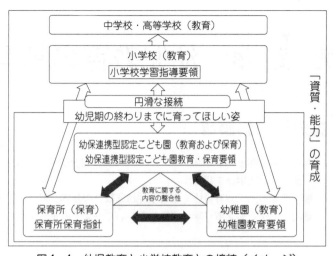

図1-1　幼児教育と小学校教育との接続（イメージ）

出所：文部科学省「幼稚園教育要領説明資料」をもとに筆者作成

教育・保育の内容等の基準が示されています。

　2017（平成29）年に公示された要領・指針においては，教育にかかわる側面のねらいや内容に関してさらなる整合性が図られるとともに，小学校教育との円滑な接続を図るよう努めることが明記されています。幼稚園，保育所，認定こども園といった幼児教育施設の類型にかかわらず，どの施設に通っても，子どもたちが幼児期にふさわしい教育を受けて小学校に入学していくこと，幼児教育での学びを生かして小学校教育に接続し，高等学校教育まで見通して子どもの資質・能力を育み続けていくことを目指しているといえます（図1-1）。

2　幼児教育において育みたい資質・能力

　幼稚園教育要領および学習指導要領の改訂にあたり，新しい時代に必要な資質・能力が検討され，明示されました。その全般的なとらえ方は中央教育審議会答申「幼稚園，小学校，中学校，高等学校及び特別支援学校の学習指導要領等の改善及び必要な方策等について」（2016年12月21日）において，3つに整理されています。

○何を理解しているか，何ができるか（生きて働く「知識・技能」の習得）
○理解していること・できることをどう使うか（未知の状況にも対応できる「思考力・判断力・表現力等」の育成）
○どのように社会・世界と関わり，よりよい人生を送るか（学びを人生や社会に生かそうとする「学びに向かう力・人間性等」の涵養）

　幼児教育においても，上記の「資質・能力」を幼児期の発達の特性を

踏まえて「幼児教育において育みたい資質・能力」として**要領・指針**に¹²示されています。

---
(1)　豊かな体験を通じて，感じたり，気付いたり，分かったり，できるようになったりする「知識及び技能の基礎」
(2)　気付いたことや，できるようになったことなどを使い，考えたり，試したり，工夫したり，表現したりする「思考力，判断力，表現力等の基礎」
(3)　心情，意欲，態度が育つ中で，よりよい生活を営もうとする「学びに向かう力，人間性等」

　これらの資質・能力は，それぞれを個別に取り出して**指導**するのでは¹³なく，遊びを中心とした生活を通して一体的に育まれていきます。

3　幼児期の終わりまでに育ってほしい姿

　「幼児期の終わりまでに育ってほしい姿」とは，5領域で示すねらいおよび内容に基づく活動全体を通して育みたい資質・能力が形成されている子どもの5歳児後半（就学前）の具体的な姿です。10の項目で表されており，保育者が指導を行う際に考慮するものとされています。

　「幼児期の終わりまでに育ってほしい姿」は，要領・指針に以下のように示されています。初めに書かれている項目名にとらわれすぎず，記述されている文章をしっかりと理解することが大切です。

○健康な心と体
　幼稚園（保育所の，幼保連携型認定こども園における）生活の中で，充実感をもって自分のやりたいことに向かって心と体を十分に働かせ，見通しをもって行動し，自ら健康で安全な生活をつくり出すようになる。
○自立心
　身近な環境に主体的に関わり様々な活動を楽しむ中で，しなければならないことを自覚し，自分の力で行うために考えたり，工夫したりしながら，諦めずにやり遂げることで達成感を味わい，自信をもって行動するようになる。
○協同性
　友達と関わる中で，互いの思いや考えなどを共有し，共通の目的の実現に向けて，考えたり，工夫したり，協力したりし，充実感をもってやり遂げるようになる。
○道徳性・規範意識の芽生え
　友達と様々な体験を重ねる中で，してよいことや悪いことが分かり，自分の行動を振り返ったり，友達の気持ちに共感したりし，相手の立場に立って行動するようになる。また，きまりを守る必要性が分かり，自分の気持ちを調整し，友達と折り合いを付けながら，きまりをつくったり，守ったりするようになる。

▷2　要領・指針における表記について
各要領・指針においては以下のように記載されている。
幼稚園教育要領：幼稚園教育において育みたい資質・能力
保育所保育指針：保育所において…
幼保連携型認定こども園教育・保育要領：幼保連携型認定こども園において…
上記のように要領・指針および解説全般においてそれぞれの使用する細かな文言の違いはあるが，共通の項目については同じ書き方になっており，一層の整合性が図られている。

▷3　指導
本章では以下の考え方を取っている。
幼稚園教育における指導については，幼稚園生活の全体を通して幼児の発達の実情を把握して一人ひとりの幼児の特性や発達の課題をとらえ，幼児の行動や発見，努力，工夫，感動などを温かく受け止めて認めたり，共感したり，励ましたりして心を通わせ，幼児の生活の流れや発達などに即した具体的なねらいや内容にふさわしい環境をつくり出し，幼児の展開する活動に対して必要な助言・指示・承認・共感・励ましなど，教師が行う援助のすべてを総称して，指導と呼んでいる（文部科学省，2021，pp. 10-11）。

○社会生活との関わり

　家族を大切にしようとする気持ちをもつとともに，地域の身近な人と触れ合う中で，人との様々な関わり方に気付き，相手の気持ちを考えて関わり，自分が役に立つ喜びを感じ，地域に親しみをもつようになる。また，幼稚園（保育所，幼保連携型認定こども園）内外の様々な環境に関わる中で，遊びや生活に必要な情報を取り入れ，情報に基づき判断したり，情報を伝え合ったり，活用したりするなど，情報を役立てながら活動するようになるとともに，公共の施設を大切に利用するなどして，社会とのつながりなどを意識するようになる。

○思考力の芽生え

　身近な事象に積極的に関わる中で，物の性質や仕組みなどを感じ取ったり，気付いたりし，考えたり，予想したり，工夫したりするなど，多様な関わりを楽しむようになる。また，友達の様々な考えに触れる中で，自分と異なる考えがあることに気付き，自ら判断したり，考え直したりするなど，新しい考えを生み出す喜びを味わいながら，自分の考えをよりよいものにするようになる。

○自然との関わり・生命尊重

　自然に触れて感動する体験を通して，自然の変化などを感じ取り，好奇心や探究心をもって考え言葉などで表現しながら，身近な事象への関心が高まるとともに，自然への愛情や畏敬の念をもつようになる。また，身近な動植物に心を動かされる中で，生命の不思議さや尊さに気付き，身近な動植物への接し方を考え，命あるものとしていたわり，大切にする気持ちをもって関わるようになる。

○数量や図形，標識や文字などへの関心・感覚

　遊びや生活の中で，数量や図形，標識や文字などに親しむ体験を重ねたり，標識や文字の役割に気付いたりし，自らの必要感に基づきこれらを活用し，興味や関心，感覚をもつようになる。

○言葉による伝え合い

　先生（保育士等，保育教諭等）や友達と心を通わせる中で，絵本や物語などに親しみながら，豊かな言葉や表現を身に付け，経験したことや考えたことなどを言葉で伝えたり，相手の話を注意して聞いたりし，言葉による伝え合いを楽しむようになる。

○豊かな感性と表現

　心を動かす出来事などに触れ感性を働かせる中で，様々な素材の特徴や表現の仕方などに気付き，感じたことや考えたことを自分で表現したり，友達同士で表現する過程を楽しんだりし，表現する喜びを味わい，意欲をもつようになる。

　これらの姿は，到達目標ではなく育っていく方向を示しています。したがって5歳児後半に突然現れるものではなく，子どもが発達していく方向を意識して，子どもがその時期にふさわしい生活を送れるよう教育・保育を積み重ねていくと，自然にみられてくる姿といえるでしょう。

　また，10の姿を手がかりにして保育者と小学校教師が子どもの発達や学びの実際を共有することで，幼児教育から小学校教育が連続性をもって接続することが求められています（159～160頁参照）。

4　保育内容としてのねらい及び内容

　幼児教育における保育内容は，要領・指針の第2章において，「ねらい及び内容」として「5領域」で示されています。

> ○心身の健康に関する領域「健康」：健康な心と体を育て，自ら健康で安全な生活をつくり出す力を養う。
> ○人との関わりに関する領域「人間関係」：他の人々と親しみ，支え合って生活するために，自立心を育て，人と関わる力を養う。
> ○身近な環境との関わりに関する領域「環境」：周囲の様々な環境に好奇心や探究心をもって関わり，それらを生活に取り入れていこうとする力を養う。
> ○言葉の獲得に関する領域「言葉」：経験したことや考えたことなどを自分なりの言葉で表現し，相手の話す言葉を聞こうとする意欲や態度を育て，言葉に対する感覚や言葉で表現する力を養う。
> ○感性と表現に関する領域「表現」：感じたことや考えたことを自分なりに表現することを通して，豊かな感性や表現する力を養い，創造性を豊かにする。

　幼稚園教育要領では次のように示されています。「この章に示すねらいは，幼稚園教育において育みたい資質・能力を幼児の生活する姿から捉えたものであり，内容は，ねらいを達成するために指導する事項である。各領域は，これらを幼児の発達の側面から，心身の健康に関する領域『健康』，人との関わりに関する領域『人間関係』，身近な環境との関わりに関する領域『環境』，言葉の獲得に関する領域『言葉』及び感性と表現に関する領域『表現』としてまとめ，示したものである。」

　5つの領域は，保育者が子どもの生活を通して総合的な指導を行う際の視点であり，幼児のかかわる環境を構成する場合の視点でもあります。それぞれが個別に取り出して指導されるものではなく，生活や遊びを通しての指導を中心として総合的に達成されることに留意が必要です。

２　幼児教育の基本とは

1　環境を通して行う

　第1節では，学校教育全体での位置づけをみながら，幼児教育において育みたい資質・能力や，保育内容等について確認しました。こうした力は，

▷ 4　5領域につながる乳児保育における視点
乳児保育においては3つの視点「健やかに伸び伸びと育つ」「身近な人と気持ちが通じ合う」「身近なものと関わり感性が育つ」で示されている（保育所保育指針，幼保連携型認定こども園教育・保育要領）。

乳幼児期にふさわしい教育・保育によって育まれていくことが重要です。

　子ども一人ひとりのもつ潜在的な可能性は，日々の生活の中で出合う環境によって開かれ，環境との相互作用を通して具体的に現れていきます。子どもが，周囲の環境に興味や関心をもって自分からかかわり，幼児期にふさわしい生活を展開する中で，遊びや生活といった具体的・直接的な体験を重ねていく過程で学ぶことが，乳幼児期にふさわしい教育・保育のあり方といえるでしょう。

　要領・指針においては，「環境を通して行う」ことを幼児教育の基本として示しています。環境を通して行う教育とは「幼児が，教師と共に生活する中で，ものや人などの様々な環境と出会い，それらとのふさわしい関わり方を身に付けていくこと，すなわち，教師の支えを得ながら文化を獲得し，自己の可能性を開いていくことを大切にした教育」です。そしてそれは，「環境の中に教育的価値を含ませながら，幼児が自ら興味や関心をもって環境に取り組み，試行錯誤を経て，環境へのふさわしい関わり方を身に付けていくことを意図した教育」であり，「幼児の視点から見ると，自由感あふれる教育」です。

　そのため，子どもを取り巻く環境がどのようなものであるかが重要です。幼児教育における環境は，子どもを取り巻くすべてを指します。物的環境，人的環境，自然事象を含む自然環境，時間や空間，その場や状況の雰囲気なども含まれます。一人ひとりの子どもの興味や関心，そのときに育とうとしていること，発達を見通して体験してほしいと願うこと（ねらい，内容，保育者の思いなど）を環境に込めて構成します。子どもがもっている力を存分に使いながら環境にかかわり，それに応じて環境からの応答を受け取るという相互作用を繰り返しながら，一人ひとりのもつ可能性が開かれ，生きる力の基礎が育まれていきます。

◆考えてみよう　たとえば，色水をつくって遊んでいる場面では…

子どもの活動：戸外で遊ぶ　道具や素材を選ぶ　様々な道具を使う
友達と一緒に楽しむ　思い浮かべた色をつくる　色の違いに気づく
色の変化を楽しむ　感じたことを言葉で伝え合う　など

健康　　言葉

人間関係

環境　　表現

図1-2　色水をつくって遊ぶ

出所：文部科学省，2019から筆者作成

① 図1-2の中で子どもたちは何をしているでしょうか。または，どのようなことを体験しているでしょうか。
② ①が生じているのは，どのような環境があるからでしょうか。
③ ①で考えたことは，5領域のうちどこに関連するでしょうか。

　環境を通して行う教育・保育においては，保育者の役割が重要です。保育者は子ども一人ひとりの行動の理解と予想に基づき，計画的に環境を構成することが必要です。また，保育者は子どもの活動の場面に応じて，活動の理解者，子どもの共同作業者，憧れを形成するモデルなど様々な役割を果たし，子どもの活動を豊かにすることが求められます。

2　環境を通して行う教育・保育で重視する事項

　環境を通して教育・保育を行うことは，子どもの生活を大切にすることです。幼児教育施設で展開される生活や指導のあり方は，幼児期の特性にかなったものでなければなりません。このようなことから，特に重視しなければならないこととして，次の3点が挙げられます。

- ○　幼児期にふさわしい生活の展開
  - 保育者との信頼関係に支えられた生活
  - 興味や関心に基づいた直接的な体験が得られる生活
  - 友達と十分にかかわって展開する生活
- ○　遊びを通した総合的な指導
  - 自発的な活動としての遊びは幼児期特有の学習
  - 一つの遊びを展開する中でいろいろな経験をし，様々な能力や態度を身に付けることを踏まえた指導
- ○　一人ひとりの発達の特性に応じた指導
  - 一人ひとりの発達の特性に応じた指導と発達の課題を把握し，その子らしさを損なわないような指導
  - 一人ひとりの発達の特性を生かした集団をつくり出すことへの考慮

　各園において，「ねらい及び内容」で子どもの発達を見通しながらその時期に応じた経験を意識し，「幼児期の終わりまでに育ってほしい姿」で，乳幼児期全体の育ちの方向性を意識して教育・保育を行うことにより，一人ひとりの「資質・能力」が育まれ，小学校以降の教育にバトンタッチされていきます。

3 子どもを取り巻く状況と人間関係

　現在の子どもを取り巻く状況として，少子化，核家族化，都市化，情報化，国際化などが挙げられ，社会の傾向としては，人間関係の希薄化，地域社会のコミュニティ意識の衰退，過度に経済性や効率性を重視する傾向，大人優先の社会風潮などが指摘されています。加えて新型コロナウイルス感染症による日常生活の変化は，人とかかわるという点で大人にも子どもにも大きな影響をもたらしています。

1　子育てをめぐる状況

　近年，核家族化の進展や地域のつながりの希薄化により，祖父母や近隣の住民等から，日々の子育てに対する助言，支援や協力を得ることが困難な状況となっています。また，現在の親世代の人々の兄弟姉妹の数が減少しており，自身の子どもができるまで赤ちゃんと触れ合う経験が乏しいまま親になることが増えています（内閣府，2014）。厚生労働省の調査では，子育て中の父親の7割，母親の8割が育児に不安・負担感を抱えているとされています。幼児の生活アンケート第6回（ベネッセ教育総合研究所，2022）では，母親の子育てへの肯定的な感情（「子育てによって自分も成長していると感じること」など）が減少した一方，子育てへの否定的な感情が大幅に増加しており，特に「子どもを育てるためにがまんばかりしていると思うこと」は約6割に達しているとされています。

　また，共働き家庭は増加し続けており，若年男性をはじめ非正規雇用割合が高まっていることも指摘されています。貧困の問題や児童相談所の児童虐待相談対応件数の増加，ヤングケアラーの問題など，子育てをめぐる状況では様々な課題が指摘されています。こうした中，2023年にはこども家庭庁[5]が発足し，「こどもまんなか社会を目指す」ことを掲げた国としての取り組みが始まっています。

2　子どもを取り巻く状況

　前出の調査（ベネッセ教育総合研究所，2022）によると，平均きょうだい数は，1995年の2.04人から，2022年は1.62人になっています。園で過ごす時間については，幼稚園児6.2時間，保育園児（低年齢児，高年齢児を問わず）9.3時間です。

　平日，幼児教育施設以外で一緒に遊ぶ相手は，「母親」「父親」が増加し，「友だち」「きょうだい」「祖母」が減少しています。特に「友だち」

は1995年から40.3ポイント減少しており，平日降園後に友達と遊ぶ機会が減っていることが明らかになりました。子どもがよくする遊びとしては，1位「公園の遊具（すべり台，ブランコなど）を使った遊び」85.8％，2位「つみ木，ブロック」66.4％で調査開始からの変化はありません。2022年には「ユーチューブをみる」（2022年の新規項目）が58.7％と3位に入っています。

　一方，1995年以降でもっとも早寝早起きとなり，「ほとんど毎日家族みんなで食事をする」割合が増加して6割を超え，「父親の帰宅時間」が2015年に比べて早まったという結果もみられます。

3　ICTやメディアとのかかわり

　幼児教育におけるICTやメディアとのかかわりについて，幼稚園教育要領に情報機器の活用として「幼児期は直接的な体験が重要であることを踏まえ，視聴覚教材やコンピュータなど情報機器を活用する際には，幼稚園生活では得難い体験を補完するなど，幼児の体験との関連を考慮すること」と記載されています。このことは，幼児期の発達を踏まえて，今後も大切にしていく根幹となるものです。一方，園におけるICTの活用は，新型コロナウイルス感染症対策等をきっかけとして，飛躍的に広がっています。休園期間中の園の様子を発信する，家庭で楽しめる活動や教材を提供する，保護者会に活用するなど，様々な取り組みが行われています。また，日常の保育においてもタブレット等の使用がみられるようになってきました。こうした取り組みは事例集にまとめられたり，実践研究が行われたりしています。さらに，保育者の研修等においてもオンラインやDVDを活用した，保育の質の向上に向けての取り組みが進められています。各園の実状に応じてICTを使いながら検証し，幼児教育においてふさわしい活用を見出していくことが求められています。保育を学ぶ皆さんにとっても新たな重要な分野といえるでしょう。

　家庭での様子はどうでしょうか。前出の調査（ベネッセ教育総合研究所，2022）によると，2015年から2022年の変化として，テレビ・ビデオ・DVD・HDRの視聴時間は減少し，スマートフォン，タブレット端末の使用（視聴）は増加しています。2022年では，スマートフォンを1日1時間以上使用（視聴）する比率は18.6％，タブレット端末の比率は29.4％となっています。

　乳幼児の親子のメディア活用調査（ベネッセ教育総合研究所，2017）では，テレビ番組（録画を含む），DVD・ブルーレイ，スマートフォン・タブレット端末を子どもが見たり使ったりするときに，その内容につい

▷6　幼稚園教育要領第1章「総則」第4「指導計画の作成と幼児理解に基づいた評価」3「指導計画の作成上の留意事項」(6)

▷7　様々な自治体，団体，園などで取り組まれている。たとえば，文部科学省調査研究事業はウェブサイトで公開されている。幼児教育の教育課題に対応した指導方法等充実調査研究（2019〔令和元〕年度～）では，幼稚園教育におけるICTに関する調査研究が行われている。

て子どもと会話をする保護者の特徴をまとめ，次のように記しています。

「メディアの内容について子どもとの会話が多い群は，メディアを介さない遊びの場面でも子どもとのかかわりが多く，子育てに関する肯定感の高さにも関連している。さらに，メディアを使う時のルールを決めている割合も高い傾向もみられる。こうした保護者は，従来の子どもとの関わりの代替手段としてメディアを使うというよりも，新たなツールの一つとしてメディアを活用し，子どもとのコミュニケーションを図っている様子がうかがえる。」

スマートフォンやタブレットなどが広く普及し，キャッシュレス決済やインターネットによる買い物なども日常生活の一部となっている現在，子どもがICTやメディアに接する機会や時間が増えるのは当然のことともいえます。保育者には子どもや保護者がそうしたことにどのようにかかわっていて，どのような影響を受けているのかをとらえ，園での教育・保育を考えたり保護者へ発信したりしていく力が求められます。

4　現代に求められる保育内容としての人間関係

これまで述べてきたような子どもを取り巻く地域や家庭の大きな変容は，子どもたちが人間関係を育むための直接的・具体的な体験を得にくい状況をつくっているといえるでしょう。人とかかわる機会の確保，様々な体験を通した豊かな人間性の涵養といった点から，幼児教育施設における教育・保育が担う役割は大きくなってきています。

子どもが他者と出会うこと，一緒に過ごしたり遊んだりすることを楽しい，おもしろいと感じること，けんかや仲直りを通して多様な感情を体験したり，人にはいろいろな考えや特性があり互いに尊重していくことなどを豊かに体験できるような，教育・保育の展開が重要です。あわせて，地域の幼児教育のセンターとして，保護者がわが子の成長に喜びを感じ，他者とつながりながら安心して子育てができること，保護者自身が自己発揮する機会を提供することなども，子どもの健やかな育ちにとって大きな意味をもっています。

【演習課題】

人とのつながりをマップにしてとらえ，人とのかかわりがもたらすことについて考えたり，よりよいつながりの機会（幼児教育施設での機会，自治体における子育て支援の施策などを含む）や幼児教育施設の役割について検討したりしましょう。

① 自分を中心に置き，つながっている人を書き出してみましょう。

②　2 歳（設定は自由）の子どもを中心に置き，人とのつながりを次の
　　AとBを想定して考えてみましょう。

　A．人とのかかわりが多い状況の想定：3 世帯同居，近所に遊ぶ場所
がある，近所に友達がいる，商店街で買い物をする　など

　B．人とのかかわりが少ない状況の想定：核家族，きょうだいがいな
い，高層階に住み外出がしにくい，遊び場がない，宅配での買い物が多
い　など

引用・参考文献

河合優子編著（2023）『0 ～ 6 歳児「豊かな人間関係をつくる」保育』東洋館
　　出版社

厚生労働省（2015）『平成27年版　厚生労働白書』

厚生労働省（2018）『保育所保育指針解説』フレーベル館

中央教育審議会（2016）「幼稚園，小学校，中学校，高等学校及び特別支援学
　　校の学習指導要領等の改善及び必要な方策等について（答申）」

塚本美知子編著（2019）『対話的・深い学びの保育内容　人間関係』萌文書林

内閣府（2014）「教育・保育及び地域子ども・子育て支援事業の提供体制の整
　　備並びに子ども・子育て支援給付並びに地域子ども・子育て支援事業及び仕
　　事・子育て両立支援事業の円滑な実施を確保するための基本的な指針」抄
　　（平成26年内閣府告示第159号）

内閣府（2021）「こども政策の新たな推進体制に関する基本方針のポイント」
　　https://www.cas.go.jp/jp/seisaku/kodomo_seisaku/pdf/kihon_housin_gaiyou.pdf
　　（2023年 7 月15日アクセス）

内閣府・文部科学省・厚生労働省（2018）『幼保連携型認定こども園教育・保
　　育要領解説』フレーベル館

ベネッセ教育総合研究所（2017）「第 2 回乳幼児の親子のメディア活用調査速
　　報版」

ベネッセ教育総合研究所（2022）「幼児の生活アンケート第 6 回ダイジェスト
　　版」

文部科学省（2018）『幼稚園教育要領解説』フレーベル館

文部科学省（2019）「一人一人のよさを未来へつなぐ──学校教育のはじまり
　　としての幼稚園教育」
　　https://www.mext.go.jp/a_menu/shotou/youchien/1422302.htm（2023年 7
　　月15日アクセス）

文部科学省（2021）『幼児の思いをつなぐ指導計画の作成と保育の展開』チャ
　　イルド本社

第 2 章　領域「人間関係」のねらいと内容

学びのポイント

● 幼稚園教育要領，保育所保育指針，幼保連携型認定こども園教育・保育要領（以下，「要領・指針」とする）の内容の取扱いについて知り，理解を深めましょう。
● 乳児保育・3歳未満児の保育・3歳以上の幼児の保育で大切なことについて，発達をとらえながら学びましょう。
● 事例から実際の保育の場面と結びつけて理解を深めましょう。

　要領・指針をもとに計画が立てられ，園の実態に応じて保育が展開されています。人間関係においても，要領・指針の領域「人間関係」の保育内容を中心に据えて，子ども一人ひとりが主体性を発揮し成長するために，子どもの育ちを支えてつないでいく保育への理解と，実際の保育を展開する力が求められます。そのためには実際の子どもの様子が要領・指針とどのように結びついているのかをとらえる力が大切になります。

1　領域「人間関係」のとらえ方

要領・指針における「人間関係」

　2017（平成29）年3月に告示された要領・指針が同時改訂（定）されました。改定された内容の一つに「保育所保育指針」に乳児保育（1歳児未満），1歳・2歳の保育の内容が加えられています。このことにより，これまでの3歳以上児を対象としていた領域「人間関係」の保育の内容も，0歳児から5歳児まで一貫した流れでとらえられるようになりました（図2-1参照）。

　まず，要領・指針に記されているねらいについて確かめてみます。乳児保育，1歳・2歳の保育，3歳以上の保育として分けてみるとわかりやすくとらえることができるでしょう。

①乳児保育（1歳児未満）にかかわるねらい及び内容

　保育所保育指針では，乳児保育にかかわるねらい及び内容に，

　ア　身体的発達に関する視点「健やかに伸び伸びと育つ」

　　健康な心と体を育て，自ら健康で安全な生活をつくり出す力の基盤

を培う。

イ　社会的発達に関する視点「身近な人と気持ちが通じ合う」

受容的・応答的な関わりの下で，何かを伝えようとする意欲や身近な大人との信頼関係を育て，人と関わる力の基盤を培う。

ウ　精神的発達に関する視点「身近なものと関わり感性が育つ」

身近な環境に興味や好奇心をもって関わり，感じたことや考えたことを表現する力の基盤を培う。

以上のように，乳児の保育内容においては，自分，人，ものへのかかわりの視点が挙げられています。

②３歳未満（１歳・２歳）の内容領域

これを受けて，３歳未満では，言葉と表現が加わり，５つの内容領域になります。名称としては，領域「健康」「人間関係」「環境」「言葉」「表現」になるのですが，その内容は，乳児からの流れをうけた「関わり」ととらえることができます。【からだへの関わり】【人への関わり】【ものへの関わり】【言葉への関わり】【表現への関わり】ととらえ，３歳以上の領域のもととなるねらいと内容が記されています。

③３歳以上の「領域」のねらい及び内容

３歳以上になると，学校教育法や就学前の子どもに関する教育，保育等の総合的な提供の推進に関する法律（通称：認定こども園法）に定められた教育の目的および保育所保育指針に基づいた「５領域」のねらいと内容になります。

これらの領域を中心とした保育内容が重点化され，「幼児期の終わりまでに育ってほしい姿」として10の姿が伸びていき，それがさらに小学校へとつながっていきます。

「人間関係」にあたる教育および保育の目標については「集団生活を通じて，喜んでこれに参加する態度を養うとともに家族や身近な人への信頼感を深め，自主，自律及び協同の精神並びに規範意識の芽生えを養うこと」（学校教育法第23条第２号），「人との関わりの中で，人に対する愛情と信頼感，そして人権を大切にする心を育てるとともに，自主，自立及び協調の態度を養い，道徳性の芽生えを培うこと」（保育所保育指針第１章「総則」１「保育所保育に関する基本原則」(2)保育の目標(ｳ)）であり，これに基づいて領域「人間関係」のねらいと内容が示されています。

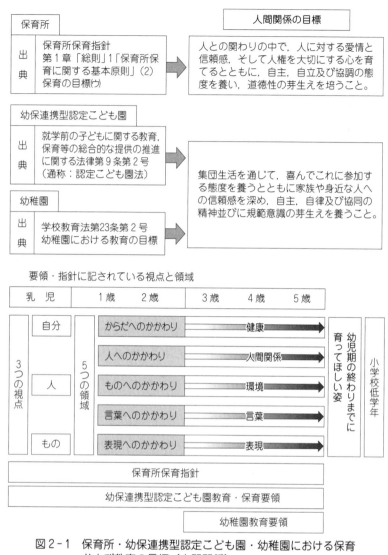

図2-1　保育所・幼保連携型認定こども園・幼稚園における保育および教育の目標（人間関係）

出所：筆者作成

2 乳児保育

1　乳児の発達と「人間関係」

　乳児期の発達については，視覚，聴覚などの感覚や，座る，はう，歩くなどの運動機能が著しく発達し，特定の大人との応答的な関わりを通じて，情緒的な絆が形成されるといった特徴がある。これらの発達の特徴を踏まえて，乳児（乳児期の園児の）保育は，愛情豊かに，応答的に行われることが特に◁1必要である。

▷1　保育所保育指針第2章「保育の内容」1「乳児保育に関わるねらい及び内容」(1)基本的事項ア

幼保連携型認定こども園教育・保育要領第2章「ねらい及び内容並びに配慮事項」第1「乳児期の園児の保育に関するねらい及び内容」基本事項1

　未熟なままに生まれ出てくる人間の子どもは，生まれたそのときから人とのかかわりを必要とし，人との関係性を確立しなければ生きていくことができません。特定の大人との情緒的絆が成長に大きく影響することになります。保育をするうえで大きなポイントとなるのは，保育者が子どもにとっての愛着対象として存在し安定した関係にあること，子どもの要求やサインに確実に応えていくこと（応答的保育）が実践されることです。

> 　人との関わりの面では，表情や体の動き，泣き，喃語などで自分の欲求を表現し，これに応答的に関わる特定の大人との間に情緒的な絆が形成されるとともに，人に対する基本的信頼感を育んでいく。また，6か月頃には身近な人の顔が分かり，あやしてもらうと喜ぶなど，愛情を込めて受容的に関わる大人とのやり取りを楽しむ中で，愛着関係が強まる。

▷ 2　保育所保育指針解説第2章「保育の内容」1「乳児保育に関わるねらい及び内容」(1)基本的事項

　乳児期に獲得された基本的信頼感は，今後の人生において子どもの人格の基礎となり，苦難を乗り越えて生きていく力にもなっていきます。愛情をもってかかわってくれる保育者の存在は，子どもの安定した生活になくてはならないものとなります。

　保育所における保育は基本的に集団での保育ですが，乳児保育においては集団でありながらも細やかな個別の対応が必要です。月齢差や個人差，また家庭の状況なども十分に考慮して，その子どもを一番理解している担当者によって，子どもや保護者を援助することが重要です。長時間の保育を行う保育所では，特にその工夫が求められます。保育者同士の連携や園全体の保育体制など，保護者との連携協力のもと，安定した子どもの生活のために乳児保育における「担当制」を確実に実践することは不可欠といえるでしょう。

【事例2-1　大好きD先生！（0歳児7月）】
　Aちゃん（11か月）は保護者ともスムーズに別れることができ，また大好きな人形にほおずりをしたりして機嫌よく遊んでいる。B保育士にCちゃんと一緒に絵本を読んでもらっているが，じっと見ている様子である。そこにAちゃんの担当のD保育士が遅番で出勤してきた。部屋に入ろうとしていたD保育士をみつけると一直線にハイハイをして近づいてくるAちゃん，D保育士に抱き上げてもらうとうれしそうに笑ってD保育士の顔を触ろうとしている。D保育士にとってもこのうえなくうれしい一瞬である。

　この事例のように，「担当制」の保育を進めることは実に重要なことです。家庭では保護者が，園では担当の保育者が子どもにとって一番の存在になる必要があります。Aちゃんのように D保育士との関係が確立

されていると，Ｄ保育士がいないときでも安定して過ごせるのです。ここが非常に大切なポイントです。

　また乳児の保育には，特に「養護」を意識することも重要です。生命の維持はもちろんのこと，何より安心して過ごせる安全な生活が情緒の安定につながります。「安全」「安心」「安定」は，保育の大前提です。そして養護の中に教育があること，そうした教育の視点も大切です。たとえばおむつを替える際にも無言でただ交換するのではなく，必ず「おむつ替えようね」「気持ちよくなったね」と声をかけ，おなかや足をマッサージするなどスキンシップも行っていく，それも養護と教育が一体化した保育といえます。心地よい生活の中から必要な生活習慣や文化を学び，そして人とのかかわりの中でかかわり方や言葉を学んでいるのです。安定して繰り返される生活の中で，子どもは様々な力や学びを獲得していきます。

▷３　保育所保育指針解説第２章「保育の内容」１「乳児保育に関わるねらい及び内容」(2)ねらい及び内容　ア(ウ)内容の取扱い

> 　子どもの健やかな発達は，喜びや驚きなど様々な思いを共有し，状況に応じて慰めや励ましを与える保育士等からの温かく共感的な関わりをはじめ，身近な人との心の通い合う日々の温かな触れ合いを通じて，心身両面が深く結び付きをもちながら促されていく。◁3

　担当の保育者との関係がしっかりと確立することで，周囲の大人や子どもにも関心が向き，かかわりが生まれていきます。そのたびに子どもの世界が大きく広がっていくことになります。

2　ねらいと内容を事例を通して理解する

　乳児保育においては，その発達が未分化であることから，保育内容も「領域」ではなく「視点」で子どもの姿をとらえること，またそれらの視点は緩やかにつながり重なりながら保育が進められ，ねらいが達成されていきます。領域「人間関係」につながる視点としては，社会的発達に関する視点「身近な人と気持ちが通じ合う」があります。

▷４　保育所保育指針第２章「保育の内容」１「乳児保育に関わるねらい及び内容」(2)ねらい及び内容　イ(ウ)内容の取扱い

幼保連携型認定こども園教育・保育要領第２章「ねらい及び内容並びに配慮事項」第１「乳児期の園児の保育に関するねらい及び内容」３内容の取り扱い

> イ　身近な人と気持ちが通じ合う
> 　受容的・応答的な関わりの下で，何かを伝えようとする意欲や身近な大人との信頼関係を育て，人と関わる力の基盤を培う。
> 　(ア)　ねらい
> 　①　安心できる関係の下で，身近な人と共に過ごす喜びを感じる。
> 　②　体の動きや表情，発声等により，保育士（保育教諭）等と気持ちを通わせようとする。
> 　③　身近な人と親しみ，関わりを深め，愛情や信頼感が芽生える。◁4

【事例 2 - 2　できたよ！見て見て！（0 歳児 7 月）】
　Eちゃん（11 か月）は「あ！あ！」と興味のあるものを「みてみて」，と保育者に同意を求めるように指さしをするようになってきた。保育者が「〜だね，〜してるね」と言葉を添えるとうれしそうにしていて満足げな表情である。保育者が手づくりしたペットボトルに大きめのビーズを入れるおもちゃがこのところのお気に入りで，うまく入るとポトンと音がする。そのたびに保育者を見て「できたよ！」と言いたげな表情をする。「すごいね，できたね」と拍手をしながら言うと，うれしそうに自分でも拍手をしている。一人でやっているときもうまく入るたびに自分で拍手をしている姿がある。

　この事例のEちゃんの姿を見ると，社会的発達の視点のねらいが達成されているようです。大好きな保育者に自分の興味をもったもの・ことを知らせながら，楽しさに共感してもらい気持ちを受け止めてもらうことの喜び，満足感が次の遊びへの意欲へとつながっていることがわかります。子どもからの働きかけに応答的なふれあいや言葉かけをすること，子ども自身がこうしたやりとりを楽しむことが，さらに言葉の理解や自分を肯定する気持ちを育むことになっていきます。

　改めて子どもにとっていかに保育者の存在が重要であるかを考えさせられます。専門性もさることながら，それを支える温かな人柄や愛情深い人間性も大切なことだと思います。

3　1 歳以上 3 歳未満児の保育

1　1 歳以上 3 歳未満児の発達と人間関係

> ア　この時期においては，歩き始めから，歩く，走る，跳ぶなどへと，基本的な運動機能が次第に発達し，排泄の自立のための身体的機能も整うようになる。つまむ，めくるなどの指先の機能も発達し，食事，衣類の着脱なども，保育士（保育教論）等の援助の下で自分で行うようになる。発声も明瞭になり，語彙も増加し，自分の意思や欲求を言葉で表出できるようになる。このように自分でできることが増えてくる時期であることから，保育士（保育教論）等は，子ども（園児）の生活の安定を図りながら，自分でしようとする気持ちを尊重し，温かく見守るとともに，愛情豊かに，応答的に関わることが必要である。[5]

　生活のほぼすべてを大人に介助してもらっていた子どもも，自分でやってみようとする気持ちが芽生えてきます。やってみて自分の力を試そうとしているような姿があります。

　毎日のルーティンワークもできそうと思ったことは何とかやろうとし

▷ 5　保育所保育指針第
2 章「保育の内容」2「1
歳以上 3 歳未満児の保育に
関わるねらい及び内容」(1)
基本的事項

幼保連携型認定こども園教
育・保育要領第 2 章「ねら
い及び内容並びに配慮事
項」第 2「満 1 歳以上満 3
歳未満の園児の保育に関す
るねらい及び内容」基本的
事項 1

てみますが，現実はまだできないことのほうが多く，子どもは葛藤を経験します。しかし保育者が見守りながら，適切なタイミングで援助を行うことで気持ちを立て直し，また頑張ってみようとする気持ちになっていくものです。できたことを評価するのではなく，自分でやろうとしたことを評価し，言葉にして返すことが保育では重要なポイントです。

【事例2-3　自分でやりたい！（1歳児6月）】

　排泄後にズボンを自分ではこうとしているFちゃん（1歳10か月）だが，両足がうまく入らない。保育士が「お手伝いしようか？」と言って手を出そうとすると「イヤ！」と振り払う。様子を見ていると，そのうちにひっくりかえって泣き出した。「先生，ちょっとだけお手伝いしてもいい？」と聞くと，こっくりとうなずく。片足を入れるところを少し手伝って，あとは自分で足を入れることができた。仕上げにズボンをしっかり上げながら「Fちゃん，すごいね，自分でできたね！頑張ったね！」と言うと，うれしそうに満面の笑顔になった。

　1歳以上3歳未満児の保育では「基本的な生活習慣の自立」が大きな柱です。一人でうまくできることが大切なのではなく，自分の意思でやりとげた達成感や満足感を感じられることが大切なのです。こうした場面を見逃すことなく子どもの成長のチャンスにすることを意識したいものです。

　またいわゆる「イヤイヤ期」と呼ばれるのもこの時期です。今まで可愛いだけだった子どもが「ジブンデ！」「ヤダ！」と意思表示をするので，驚く保護者も多くなります。自分でやりたい，したいと思っても大人から「ダメ！」と受け入れられないことがあると，その気持ちの処理がまだうまくできない段階であることを理解する必要があります。「いやだったんだね」「自分でやりたかったんだよね」など，大人に自分の気持ちを受け止めてもらい，代弁してもらうことで気持ちが落ち着き，切り替えができていきます。こうした体験を重ねて，自分自身で気持ちを切り替えることができるようになります。

　また2歳を過ぎて3歳に近づく頃から「気の合う」友達と一緒に行動するような姿もみえてきます。一人で遊んでいるより，友達と遊ぶことが楽しくなってくる時期です。しかし，かかわりが増えてくると，トラブルになることもあります。保育者の「仲立ち」が必要で，これが保育の重要なポイントになります。まずは両者の思いを受け止め，言葉にして返しながら，子どもなりに納得がいくように説明する必要があります。しだいに自分の気持ちを切り替えられるようになりますが，「カシテ（貸して）」など相手に自分の思いを伝えることも促しながら，生活には

ときには自分の思いを通せないこともあること，みんなで楽しく生活するには「ジュンバン（順番）」などルール（きまり）があることも知らせていきます。

　こうした経験に欠かせないのが言語，言葉の発達です。言葉は自分の思いを人に伝えるために大変便利な手段であることを理解することで，発語が促されます。気持ちのまますぐに行動するのではなく，自分の気持ちを表現しようとすることが大事だとわかってきます。そのためには根気強く子どもの言葉を待って，しっかりと聞いてくれる保育者の存在が重要なのです。

2　ねらいと内容を事例を通して理解する

　1歳以上3歳未満児の保育における領域「人間関係」のねらいは次のようになります。

イ　人間関係
　他の人々と親しみ，支え合って生活するために，自立心を育て，人と関わる力を養う。
　(ア)　ねらい
　　①　保育所（幼保連携型認定こども園）での生活を楽しみ，身近な人と関わる心地よさを感じる。
　　②　周囲の子ども（園児）等への興味や（・）関心が高まり，関わりをもとうとする。
　　③　保育所（幼保連携型認定こども園）の生活の仕方に慣れ，きまりの大切さに気付く。▷6

▷6　保育所保育指針第2章「保育の内容」2「1歳以上3歳未満児の保育に関わるねらい及び内容」(2)ねらい及び内容

幼保連携型認定こども園教育・保育要領第2章「ねらい及び内容並びに配慮事項」第2「満1歳以上満3歳未満の園児の保育に関するねらい及び内容」

【事例2-4　Gちゃんが使ってた！（2歳児9月）】
　最近気の合うGちゃんとHちゃん，ブロックやままごとでも一緒に楽しそうに遊んでいる姿がみられる。ある日，Gちゃんは絵本コーナーで大好きな電車の絵本を見ていたが，保育者に促されて絵本はそのままにしてトイレに行った。すると先に排泄が終わったHちゃんがその絵本を見つけ，見ていると，Gちゃんが戻ってきた。Gちゃんは「Gちゃんが使ってた！」と言いながら，Hちゃんから絵本を取り上げた。Hちゃんは「Hちゃんの〜！」と泣き出す。取り返そうとしてつかみ合いになってしまう。保育者が間に入って説明し，「Gちゃんはまだ見たかったんだよね」「Hちゃんも見たいよね」と二人の気持ちを受け止めてから，「先生も見たいな〜，じゃあみんなで一緒に見ようか？」と二人の間に座って声を出して読み始めた。保育者に寄りかかるようにして，二人ともニコニコしながら絵本に見入っている。

　この事例のGちゃんとHちゃんのように，同じ遊びをすることを楽し

むような子ども同士のかかわりもみられるようになってきます。しかし仲よく遊んでいても，ちょっとしたことでトラブルになります。このようなときは，両者の気持ちを受け止めながら，相手の気持ちに気づくように説明することが必要です。またこのような場面で，自分がどう行動したらよいのかを子どもなりに学んでいくことも大切です。この事例では，保育者と一緒に絵本を見ることで両者が納得しましたが，うまくいくとは限りません。「Ｇちゃんが先に見ていたから，Ｈちゃんあとで貸してもらおうね」「Ｇちゃん，次Ｈちゃんに貸してあげてね」とどのように行動すればよいのかをきちんと伝えます。それはすなわち，生活するうえでルール（きまり）があることを伝えることにもなっています。

　子どもたちはまだかかわり方を学んでいるところです。保育者に必要なのは，子どもの気持ちを代弁し，わかりやすく伝えることです。子どもたちが納得し自分から行動しようという気持ちになるように働きかけること，そのためには子どもの気持ちをしっかり理解することが大前提になります。保育者のもっとも重要な専門性である「子ども理解」がいかに大切かが，ここでもわかると思います。

4　3歳以上児の「人間関係」

1　幼稚園教育要領における3歳以上児の人間関係

> (1)　幼稚園生活を楽しみ，自分の力で行動することの充実感を味わう。
> (2)　身近な人と親しみ，関わりを深め，工夫したり，協力したりして一緒に活動する楽しさを味わい，愛情や信頼感をもつ。
> (3)　社会生活における望ましい習慣や態度を身に付ける。[7]

▷ 7　幼稚園教育要領第2章「ねらい及び内容」「人間関係」1ねらい

　幼稚園教育要領第2章の人間関係には，この3つのねらいが示されています。この3つについて順番に考えていきましょう。

2　主体性の育ち

　ねらい「(1)幼稚園生活を楽しみ，自分の力で行動することの充実感を味わう」ということから考えていきましょう。

　子どもたち自身が自分で考え自分で行動すること，すなわち主体性が大切です。これは，まず自分のやりたいことを見つけ，自分から興味や関心をもって環境にかかわり，活動を生み出すようにすることです。幼稚園生活を楽しむということは，子どもたちが楽しく過ごせるように環境を整えるという保育者の配慮も必要ですが，子どもたち自身が主体的

に環境にかかわり，夢中になったり没頭したりするような楽しさを感じる経験もたくさんしてほしいと思います。保育者が何から何まで決めてしまうという保育では，このような姿はみられません。

　幼稚園教育要領解説第1章「総説」第1節「幼稚園教育の基本」2「環境を通して行う教育」(2)の中に「幼稚園教育が目指しているものは，幼児が一つ一つの活動を効率よく進めるようになることではなく，幼児が自ら周囲に働き掛けてその幼児なりに試行錯誤を繰り返し，自ら発達に必要なものを獲得しようとするようになることである」とあります。子どもの主体性を育てることとは，何か行動をしたときにその結果を子どもが自分で引き受け，繰り返しやり方を考えて対象にかかわる体験を積めるようにするということです。その中でこそ充実感や満足感が得られるのです。保育者は，急ぐことなく，ときに子どもの安全基地となって子どもを支え，子ども自身が納得いくまで周囲のものや人にかかわる時間的な保障をしていくこと，安心して何度も失敗ができ，そこから学んでいくことのできる環境をつくっていくことが求められます。

3　身近な人とのかかわり

　次にねらい「(2)身近な人と親しみ，関わりを深め，工夫したり，協力したりして一緒に活動する楽しさを味わい，愛情や信頼感をもつ」ということについて，身近な人へのかかわりの発達を通してみていきましょう。

　同じ3歳以上児といっても，以前から園で過ごしていた保育所やこども園の2歳児クラスから進級する子どもたちと初めて家庭から社会に出る幼稚園の3歳児では異なるのが，この時期です。

　保育所，こども園の2歳児クラスから進級する3歳児は，実際に進級してみると様々なシステムの違いに戸惑う子どもも出てきますが，お兄さんお姉さんになったという喜びを感じる子どもが多くみられます。幼稚園の3歳児は，保護者と離れて過ごすことの不安でいっぱいです。4月当初は，登園時に保護者と離れられず大泣きをしたり，緊張して立ち尽くしていたり，無理をして頑張りすぎたりなど様々な姿がみられます。まずは，保育者がしっかりと一人ひとりを受け止めて，子どもと信頼関係を築くことが大切です。「先生がいるから大丈夫」「困ったことがあったら助けてくれる」など，保育者を通して園は安心して過ごせる場所だということをわかってもらえるようにしたいと思います。

　園で安定して過ごせるようになると，徐々に友達に目が向くようになります。保育者も意識して，子ども同士をつなげるようにしていきま

しょう。ただし，この頃の友達というのは，思いが一方通行であることもあります。ⅠくんはＪくんのことが好きで，友達だと思っていても，ＪくんはＫくんのことを友達だと思っている，そんな行き違いも多くみられます。3歳児の頃は，それを突き詰めるのではなく，保育者も一緒に遊びながら，保育者や友達と共に過ごすことの喜びが味わえるようにしていきたいと思います（※幼稚園教育要領第2章の「人間関係」2内容(1)先生や友達と共に過ごすことの喜びを味わう）。もののとり合い，順番争いなどからトラブルになることもあります。なるべくお互いが悪い印象をもたないように，双方の思いを代弁しながら仲介していくことが大切です。

　3歳児の終わり頃になると，集団でいることが楽しくなってきます。集まりの際の友達との座る距離が近くなり，絵本の読み聞かせなどでも，一人が笑うとつられてみんなで笑う，笑い合うことを楽しむ，そんな姿もみられます。

　4歳児になると，友達関係もはっきりし，クラスの中に気の合う友達のグループがいくつかできます。3歳児のときとは違い，双方で友達だと思っている結びつきになってきます。

　しかし，きちんと伝えなくてもイメージや思いが共有できているという思い込みや，自己主張から，子ども同士のけんかやいざこざも増えてきます。子どもたちにとって，ぶつかり合いはよくない場面のように思えるかもしれませんが，自分とは違う感じ方や考え方にふれたり，友達とけんかをしたという嫌な思い，仲直りをしてすっきりした思いなどを体験するよい機会です。ぶつかり合いによる葛藤は，友達とのかかわり方を学ぶために大切なものなのです。保育者は，友達には友達の思いがあることを理解できるようにしたり，伝えることの必要性に気づくようにしたりなどの援助をしていく必要があります（※内容(6)自分の思ったことを相手に伝え，相手の思っていることに気付く）。また，近年は，保護者が保護者間の人間関係を気にするあまりに，子ども同士のぶつかり合いを避けたがる傾向にありますが，保育者は保護者の人間関係を円滑にしたり，トラブルから得られるものを説明し理解してもらうなど，子どもたちが安心してぶつかり合いができる環境をつくってあげたいと思います。

　一緒に遊んで楽しかったこと，けんかをしてくやしかったこと，心を揺らすこのような様々な出来事を共有することを通して，友達とのかかわりが深まっていきます。そして友達に対して思いやりをもったり，喜びや悲しみに共感したりするようになっていきます（※内容(5)友達と積極的に関わりながら喜びや悲しみを共感し合う。(10)友達との関わりを深め，思い

やりをもつ)。

　行動力がついてくることによって，自分たちが考えたことを実現したいという思いが強くなってきます。はじめは保育者が多くの援助をしながらですが，実現していく喜びを知ると，徐々に自分たちの力で取り組むようになってきます。

　5歳児になると，遊びもダイナミックになってきて，運動的な集団遊びに取り組んだり，考えたことの実現に向けて試行錯誤を重ね，根気よく取り組んだりするようになります（※内容(4)いろいろな遊びを楽しみながら物事をやり遂げようとする気持ちをもつ）。保育者は，子どもたちの様子を見守りながら，継続できるような支えになったり，遊びが深まったりする援助をすることが必要です。また，その遊びにじっくりと向き合えるような時間的な保障や空間的な保障をしていくことが大切です。保育者はやり遂げたときの達成感をしっかりと受け止めたいものです。

　遊びと同時に，友達との関係も広く深くなっていきます。また大人数で遊ぶようになっていきます。そのような中で，友達とアイディアを出し合ったり一緒に取り組んだりすることで，うまくいくという経験を積み，協力することの大切さがわかるような体験ができるようにしていきましょう。また，いつも一緒に過ごしている仲間ではない友達や学級全体で，運動会や発表会など，課題に向けて協同的な活動に取り組むという経験も必要です。大きなことを成し遂げられたという達成感を得ることができます。保育者はこれらを無理なく計画に取り入れていくようにしましょう（※内容(8)友達と楽しく活動する中で，共通の目的を見いだし，工夫したり，協力したりなどする）。保育者は，みんなで取り組む中でも一人ひとりが自己発揮できるように援助していくことが求められます。その中で，自分にはない友達のよさに気づいたり，友達から教えてもらって自分のよさを知ったりすることも大切です（※内容(7)友達のよさに気付き，一緒に活動する楽しさを味わう）。

　また，5歳児になると，視野が広まり，社会的な興味や関心も高くなります。様々な人とかかわりをもつことができるようになってきます（※内容(13)高齢者をはじめ地域の人々などの自分の生活に関係の深いいろいろな人に親しみをもつ）。園の外にも目を向け，地域に出たり，様々な施設と交流をもったりなどの工夫も必要です。

4　望ましい習慣や態度

　ねらい「(3)社会生活における望ましい習慣や態度を身に付ける」とは，生活習慣の自立，道徳や規範意識などにあたります。

　　生活習慣の自立に関しては，「できる」「できない」に意識が向きがちですが，自分でやりたいと思う意欲が何より大切です。保育者はできたときのうれしい気持ちに共感し，満足感をもてるようにしましょう（※内容(3)自分でできることは自分でする）。

　　望ましい態度とは，善悪の判断がつくこと，きまりやルールを守る，共同の遊具を大切にすることなどです。

　　大切なことは，保育者が大人の考えで善悪の価値観を押し付け，こうするものだと教え込んでしまわないことです。自分がしたことに対して，友達が喜んでいる，悲しそうな顔をしている，泣いている，怒っているなど様々な反応を見て，自分がしたことがどうだったのかを考え，気づくようにしていくことが必要なのです（※内容(9)よいことや悪いことがあることに気付き，考えながら行動する）。

　　きまりや共同の遊具を大切にすることに関しても，同様のことがいえます。はじめにきまりありきではなく，なぜきまりが必要なのか，そしてきまりを守らなければならないのか，なぜ共同の遊具を大切にする必要があるのか，理解したうえで行動できることが大切です。遊びの中のルールなどは，自分たちで必要に応じてルールをつくったり，守らないと楽しく遊べないということを体験したりしながら，その必要性に気づいていけるようにしましょう（※内容(11)友達と楽しく生活する中できまりの大切さに気付き，守ろうとする。(12)共同の遊具や用具を大切にし，皆で使う）。

5　事例を通してねらいと内容を理解する

　　いくつかの事例を通して，ねらいと内容を考えてみましょう。

○3歳児（4月）

内容(1)先生や友達と共に過ごすことの喜びを味わう。

【事例2-5　一緒だね（3歳児4月）】

　　ブロック遊びをしているLくんとMくん。保育者もそこに入り，一緒に遊ぶことにした。Lくんが電車をつくっているので，「へー，Lくん電車大好きなんだね。これはどこへ行くのかな？」と話すと，Mくんが「ぼくも電車が好きだよ。これは山手線」。保育者が「MくんもLくんも電車が好きなんだね。一緒だね」と言うと，二人とも顔を見合わせて笑った。次の日から一緒に電車をつくるようになった。

　　入園当初の幼稚園，少しずつ保育者との信頼関係も生まれてきました。保育者は，これから少しずつ子ども同士の関係ができていけばよいと考えていました。そこで保育者は子どもたちと会話をしながら，名前を覚

えられるように会話の中で名前を言ったり，好きなものでつなげたりなどしながら，「お気に入り」の友達がみつかるようにしました。

　この頃は「同じ」ということが，子ども同士の人間関係をつくっていく側面もあります。遊びの中で何気なく，一人が言ったことをみんなが真似するような場面が見られます。おそろいのお面や衣装などの遊具を用意するのもよいでしょう。

　○ 5 歳児（10月）

　内容(8)友達と楽しく活動する中で，共通の目的を見いだし，工夫したり，協力したりなどする。

【事例 2-6　作戦会議をひらこう（5 歳児10月）】

　運動会で年長 2 組はクラス対抗リレーを行うことになった。でも，いつも練習では青組は負けてばかり。今日の練習でも靴が途中で脱げてしまった子がいたり，逆走をしてしまった子がいたりで，青組は負けてしまった。終わった後，子どもたちは不満を口にしながら部屋に帰ってきた。「○○くんがちゃんと靴を履いていないから悪いんだよ」「△△くんが反対に走らなければ勝てたかも」と個人攻撃がはじまった。保育者は，雰囲気を前向きにしたいと考え「作戦会議を開いてみない？」と子どもたちに提案した。「次はどうしたら勝てると思う？」「手を振ると速くなるってお父さんが言ってた」「ちゃんと靴のマジックテープを確認する！」「反対向きに走らないように矢印を書いておく」「大股で走る」などなど，子どもたちはいろいろとアイディアを出しはじめた。保育者はそれをホワイトボードに書き留めておくことにした。「これ，黄組には内緒ね」と子どもたち。この作戦会議から急にやる気をみせ，みんなで集まって「特訓」なるものをはじめたり，練習で走った後には子どもから「作戦会議をひらこう」という声が出てきたりした。

　当日は，結局勝つことはできなかった。しかし，逆走をしないように矢印をラインカーで書き，声かけをする姿がみられたり，名前を呼び合って応援したりと子どもたちみんなが一つの目的にむかって頑張る姿がみられた。運動会後，おやつに出たジュースで，みんなで乾杯をした。

　この事例は，運動会のリレーを通して，クラスのみんなの気持ちが一つになっていったというものです。保育者の方向づけがあったからこそでしたが，徐々に子どもたち自身が，協力することやアイディアを出し合うことなどの楽しさや必要性を感じるようになっていきました。また，この活動の中で，「内容(5)友達と積極的に関わりながら喜びや悲しみを共感し合う。(7)友達のよさに気付き，一緒に活動する楽しさを味わう。(10)友達との関わりを深め，思いやりをもつ」なども同時に経験したのではないかと思います。さらに，リレーというルールのある競技に参加する以上「(11)友達と楽しく生活する中できまりの大切さに気付き，守ろう

とする」ということも経験しています。

　園は，集団生活の場です。生活すべての中に人間関係にかかわるものがみられます。子どもたちの発達を踏まえたうえで，必要なところで保育者が支え，援助していくことが必要です。

演習課題

① 　幼稚園教育要領に記されている人とのかかわりに関する領域「人間関係」と，保育所保育指針に記されている1歳以上3歳未満児の領域「人間関係」を確認し，人とのかかわりの範囲や質の違いについてとらえてみましょう。

② 　保育するうえで大きなポイントとなるのは，保育者が子どもにとっての愛着対象として存在し安定した関係にあること，子どもの要求やサインに確実に答えていくこと（応答的保育）が実践されることです。そのためには，どのような体制をつくることが必要でしょうか。また，愛着関係の重要性についてグループでまとめましょう。

③ 　事例2-6では，保育者の方向づけがあったからこそでしたが，徐々に子どもたち自身が，協力することやアイディアを出し合うことなどの楽しさや必要性を感じるようになっていきました。事例の中の保育者の方向づけにアンダーラインを引いて，自分だったらどのようなかかわりをするか考えてみましょう。

第 **3** 章　遊びの中での人とのかかわり

　学びのポイント

●自分の力で行動することの充実感が味わえるようになるためのプロセスを理解しましょう。
●人とのかかわりを深めていくために必要なことは何かを考えていきましょう。

　心身が発達し，幼児が人間的に成長していくとはいかなることでしょうか。幼児が自分の人生を切り拓きつつ他者と共に生き，その中で，自分の人格を高めていくということになります。つまり，幼児期には，主体的な遊びを通して，よく生きていく力の基礎を築くことが重要となります。

【事例3－1　ぼくだけのオバケのおうち（3歳児4月）】

　段ボール箱に入ったバクは，保育者が前を通るたびに「ゆうー　うー」と両手をゆらゆらさせて立ち上がってくる。オバケのふりをして保育者を脅かしているようだ。

　保育者は「あっ，びっくりした。こわい。逃げよう」と，そのたびに驚いたり怖がったりして小走りに逃げていく。バクはその様子をけらけら笑いながらうれしそうに見ている。

　また，保育者が通りかかるのを待っているバクのところへ，ダイキがやってきた。「ぼくもしたい」と段ボール箱に足を入れかけたダイキを，「ぼくのオバケのおうちに，はいっちゃだめ」とバクが押し出そうとする。バランスを崩して転びそうになったダイキを抱えた保育者は，「バクちゃん，押したら危ないよ。お友達も一緒に入れてあげてよ」と言うが，バクは首を横に振る。「ダイキくん，バクちゃんに『いれて』って言った？あれ，まだ言ってなかったの？」とダイキの背中をさすりながらたずねるが，相手を睨み付けている。「じゃあ，これと同じ箱をもってきてあげようか」と聞くが，ダイキは「いやだ」と言う。

　「バクちゃんのいじわる。ぼくも入るんだ」とダイキは強引に両足を入れて段ボール箱に入ろうとした。

　「やめてよ。もう」とバクは押し出そうとするが，ダイキは押し出されないように箱の底に深く座ろうとした。と，その瞬間，段ボール箱は裂けてしまった。バクは勢いよく転がり出た。

　一瞬の沈黙の後，「いててて。ころんじゃった」とバクが笑った。すると，きょとんと座っていたダイキも同じようにころがって，「いててて。ころんじゃった」と笑った。保育者も一緒になって笑った。

▷1　ごっこ遊びや見立て遊び
情緒や自我が発達してくると，いろいろなごっこ遊びや，ふり，見立てなどができるようになる。「ふり」とは，見せかけの態度や動作，様子のこと。見立て遊びとは，身近にあるものを別のものに見立て，イメージを膨らませながら行う遊び。見立て遊びが発展すると，ままごとなど設定のあるごっこ遊びに展開する姿がみられるようになるといわれている。

▷2　いじわる，幼児同士のトラブル
いざこざやもめ事などのトラブル，けんかなどは，幼児の自己主張の表れとして大切な体験である。

「おもしろい。もう一回やろう。ダイキくん」とバクが誘うと，ダイキも
うれしそうに箱に入る。「先生，箱を直して」と言う二人に応じて，保育者
が裂けて倒れたところを立て直すと，二人は「バーン」とそれを倒して飛び
出してきた。

「おお，こわ。おお，こわ」と保育者が逃げるようにその場を離れると，
二人はキャッキャと笑っている。

その後，バクとダイキは裂けた段ボール箱を組み立てた中に隠れていて，
保育者が前を通るたびに転がり出て，驚かすようになった。なにやら小声で
話をしている様子であるが，保育者が近づいてくる気配を感じると息をひそ
めて待っている。この遊びは翌日も，その翌日も続いた。

（＊幼児名はすべて仮名）

**演習 事例3-1を読んで感じたことを，近くの人と話し合ってみま
しょう。（10分）**

1 環境を通しての教育

1 幼児にとっての身近な環境とは

「他の人々と親しみ，支え合って生活するために，自立心を育て，人
と関わる力を養う」ことが領域「人間関係」のねらいです。このために
は，身近な環境の中で幼児が人やものなどとかかわる体験をすることが
重要です。事例3-1から，どのような環境をみつけることができますか。

まず，バクにとってのダイキ，ダイキにとってのバク，そして二人に
とっての保育者はヒト（人）という環境です。段ボール箱はモノ（物）
という環境です。そして，友達の段ボール箱に自分も入りたくなってし
まって起きたいざこざはコト（出来事）という環境です。そして，一つ
の段ボール箱を取り合ういざこざや心の葛藤を乗り越えて一緒にオバケ
ごっこを楽しめるようになったのはトキ（時間）という環境の中におい
てです。このように，物理的にも心理的にも身近な環境の中で，幼児は
いろいろなヒト・モノ・コト・トキの中で他者とかかわり，様々な感情
を体験しながら他の人々と親しみ，人とかかわる力を養っていきます。

2 幼児との信頼関係を築く

▷3 応答的な関係
幼児が保育者に働きかける
と，保育者が言葉や表情，
行動などで返すという関係。
平たくいえば「やりとり」
がある関係。

事例3-1からわかることは，まず，幼児と保育者が**応答的な関係**に
あるということです。保育者は，オバケになって驚かせてやろうとして
いるバクのアクションに応えて驚いたり，自分も段ボール箱の中に入り

たいと思っているダイキを代弁して「お友達も一緒に入れてあげてよ」とバクに伝えたり等，幼児が期待しているアクションで応えようとしています。

　基本的には，このように幼児が「快の感情」[14]を実感できる応答的関係をつくることが，保育者と幼児との信頼関係の第一歩となります。保育者に的確に応えてもらえる喜びや安心感は，保育者の教育的意図，つまり指導のねらいに気づこうとする幼児の意識を生んでいきます。

　自分がそれに気づき，望ましい姿になっていこうとすることで，保育者との「快の感情」を共有できることを，自分が同じように応じてもらって経験し，すでに知っているからです。

　ただし，幼児をみつめ，注意深く応答しなくてはならないのは，その意図が保育者にとって都合のよい保育者本意のものになっていないか，幼児に過剰な適応をさせていないかというところです。つまり，幼児自身が気づき，感じ，考え，行動に移せるようになることではじめて，幼児が主体的に生きていくために役立つものになります。したがって，保育者の顔色を見たり適応しようとするだけにとどまっては，幼児にとって意味のある体験にはなりません。常に，このことを厳しく吟味する必要があります。

3　環境を通して行う教育

　事例3-1では，二人の幼児がゆずらずに押し合っていると，突然，段ボール箱が壊れてバクが外に転がり出てしまいました。このユーモラスなアクシデントを共有したことから，幼児たちの状況は急展開しました。「バクちゃん，押したら危ないよ」と，保育者に注意されたバクのほうが思いがけなく転び出たことで，箱の内と外の関係が逆転したことも要因の一つでしょう。

　「いててて。ころんじゃった」と笑うバクの態度は，箱を独り占めして友達の侵入を防ごうとしていた緊張感を解きほぐしています。こうして相手を拒否する硬直した態度は，「ころんじゃった」と立場の逆転を表現しながら笑うという，受容・融和の態度へと変化していったと考えられます。一方のダイキも，最初はバクの遊びに「いれて」という仲間入りの手続きもとらずに，自分の欲求を主張していきました。バクに拒否されたダイキは「バクちゃんのいじわる」と入れてくれない相手の非を攻撃して，自分が箱に入る理由を正当化しようとしました。ところが，二人の間の緊張感は高まるばかりで，「快の感情」はもたらされていませんでした。このような膠着状態の中，突然，段ボール箱が壊れてバク

▷4　幼児にとっての「快」の感情
喜ぶ，心地よさや愛情を感じる，信頼する，安心感をもつ，リラックスするなど。逆に「不快」の感情とは，不安を感じる，怒る，嫌う，悪く思う，苦しむなど。

が外にころがり出てしまうというハプニングが起こったのです。はじめは，きょとんと座っていたダイキも，バクと同じようにころがって，「いててて。ころんじゃった」と笑いました。これは，バクが自分を受け入れてくれようとする態度に変容していったことを感じたことと共に，このハプニングのおもしろ味に共鳴しながら自分自身のやり方も変えようとした意味があったのでしょう。「いれて」という仲間入りの手続きをとらなかったことを反省し，ダイキは相手と同じように転ぶ行為で仲間入りの意思を表現したのだと考えられます。

　保育者はこのような両者の心情や態度の変容を認め，「それは，何とも素敵な解決じゃないか。一緒に楽しもうよ」というメッセージを込めて二人と一緒になって笑っていました。この日，保育者のもつ指導のねらい「友達と一緒に遊ぶ楽しさを味わってほしい」「いざこざやアクシデントを次の生活に生かしていけるような体験をしてほしい」は，このような一瞬のやりとりの中でも具現化していきました。

　この後，バクが「おもしろい。もう一回やろう。ダイキくん」と誘うと，ダイキもうれしそうに箱に入っていきました。「先生，箱を直して」と言う二人に応じて，保育者は裂けて倒れたところを立て直しました。これは，小さないざこざを乗り越えて仲良くなっていった幼児たちへの，「よくやったね。そんな君たちのこと先生も応援するよ」という評価でもあります。もとより，保育における評価とは，幼児理解が重要な部分を占めています。幼児の発達の状況や課題を明らかにして，保育者自身の指導を反省し，次の指導への手がかりとしていくものが保育における評価といえます。

2 遊びや生活と幼児の育ち

1　遊びや生活がなぜ大切か

　これまで考えてきたように，幼児が人間関係に関する知識や**スキル**などを獲得していくにしても，実際の遊びや生活の中で心や身体を使って様々な体験を積み重ねることによってはじめて獲得されるものです。この点でも，学習教材を使ってのヴァーチャル（仮想現実）体験や大人によって仕組まれた課題活動では味わえない，生身の人と人がふれあってなされる生活の重要さがわかります。むしろ，人と人がかかわっていくうえで大切な状況や場の雰囲気，表情や言葉の微妙なニュアンスなどは，生活という日々の人間的な営みの中でしか経験し得ないものでもあるといえます。

▷5　スキル
一般に，練習や経験を通して身に付けた技術や知識，能力などのことである。幼児にとっての人とのかかわり方でいうと，挨拶や「ありがとう」「ごめんね」などのコミュニケーションスキルもその一つである。

　また，幼児の遊びや生活を大切にすることは単に体験を通して知識やスキルを獲得することだけにとどまりません。生活の中で様々な体験をし，満足感を得ることによって充実し，その子なりの自信がうまれてきます。これが人とかかわっていこうとする意欲となり，豊かな心情が育まれ，人間としての「自己」の存在感が確かなものになり，人とかかわる望ましい態度が形成されていくのです。

　私たち保育者は幼児とふれあう中で信頼関係を築きつつ，この過程に気長に，そして丁寧に付き合っていく必要があります。こうした保育者のかかわりは，幼児が人とのかかわり方やかかわることの楽しさを学んでいく際のモデルとなる点でも重要であるからです。

2　自我の発達と人間関係を調整する力

　先の事例3-1でも，すでに幼児の中に「ぼく・わたし」という自我が発生していることがわかります。この自我が育つために，幼い幼児たちは猛烈な勢いで求心化を図っていきます。もちろん，段ボール箱を見つけ自分のほうに引き寄せてくるというバクの行為もこれに当たります。津守真は，手を使う，引き寄せることは自我の発生の根本にかかわるものであり，「つかむことによって，自分に属するものになる」と述べていますが，バクの段ボールの箱も「バク」を入れる器となり，オバケになって保育者との新たなかかわり方を構築するバクを支えるアイテムとなっています。

　この遊びの中で，バクはオバケになって保育者と応答して，様々な自己の側面を表現し，それを眺めて楽しんでいるようです。自我とは，「自己を眺めている主体的な存在としての自分」と前述しましたが，そもそも，自我というのは自尊心でもありエゴでもあります。自己を主張したい，守りたい，否定されたくないという気持ちが強くあるのです。しかし，他者のほうにもそれがあります。「ぼくもしたい」と段ボール箱に侵入しようとするダイキがまさにそれです。自我というものは，他者との関係でしか成立しません。つまり，人とのつながりの中でしか「ぼく・わたし」というものはあり得ないのです。

　幼児は，他者とかかわり合う生活を通して自我が芽生え，他者の存在に気づき，その存在を意識するようになります。しかしながら，「ぼく・わたし」と「きみ・あなた」の両者が共に存在し，かかわり合いながら「快の感情」を共有することは，なかなか容易なことではありません。

　段ボール箱を見つけ自分だけのものにしたバクは幸福でした。ところ

▷6▷7　幼児にとっての「自己」と「自我」
幼児にとっての「自己」とは自分のこと。自分とは，友達や他者とは違う自分だという意味。英語で表現すると「self」が近い。一方，「自我」は，その自分の中にあるもので，自分が自分であることの意味のこと。英語で表現すると「ego」が近い。

▷8　津守，2008

▷9　鳴門教育大学附属幼稚園，2003

33

が，同じように幸福になりたいダイキの登場で，箱を独り占めしていたバクの幸福は脅かされたわけです。身の回りの様々なものをつかみ，自分に属するものにしようとする，求心性の強い自我は，このとき反発し，心の葛藤状態を体験します。

「ぼくのオバケのおうちに，はいっちゃだめ」と押し出すバクは，相手を強く拒否して自分を守ろうとしています。しかし，抗うことで心の安定や「快の感情」は得られることはありません。ダイキはあきらめずに箱に侵入しようとするし，頼みの保育者も「お友達も一緒に入れてあげてよ」と促してきます。それでもこの箱は自分だけのものにしたいのです。こうした状況の中で，バクが経験したのが，「手放す」ことでした。段ボール箱が裂けて，外へ転がり出ました。つまり，独り占めしていたところをダイキに明け渡すという突然のアクシデントで，二人の関係は次の段階へと進んでいったのでした。

あれだけ，自分だけのものと，一人で占有していたかった箱の中が，友達と一緒にいることでもっと楽しいものとなったのです。保育者からの賞賛や一緒に楽しめる友達など，「快の感情」をもたらしてくれたものは，固執していたものを手放すことと自分の欲求や行動を抑制したり調整したりした結果であることに，幼児は少しずつ気づいていくようになってきます。こうして，幼児たちは自己を主張し思いをかなえようとしながらも，周りの人々の見方や感じ方にも関心を向けられるようになり，自分と他者の両方の視点から自分の行動や自分のいる状況を考えられるようになってくると，しだいに人間関係を調整する力も養われてくるのです。困難な状況を跳ね返す力やしなやかにかわす力をレジリエンス（resilience）[10]といいますが，すでに3歳児たちにも育ちつつあることがわかりますね。人とかかわる中でかかるストレスにも負けない，心の回復力も遊びの中で育っていくものなのです。

3 人間を理解し関係を調整する力

幼児から大人まで，すべての人は，ことの大きさや重要度は異なりますが，自分とは思いも考えも違う他者，つまり「異質なものとの出会い」を経験しますし，他者の言動や表現など「異質なものへの興味や関心」をもち，「他者との交流」をし始めます。そして，「関係性をつくる」ことで，人と協働していきます。詳しく解説すると次のようになります。図3-1を見てください。21項目ある幼児の姿は，幼児が遊びや生活の中で体験することや学び得ていく事柄です。まだ経験の少ない若い保育者や「うちの子，お友達に意地悪されるから，園に行くのを嫌

▷10 幼児のレジリエンスを育てるポイント
まずは，日頃から幼児の話をよく聞いてあげる。幼児の意見を尊重する。失敗してしまっても，そのプロセスの頑張りを評価する。他の幼児と比較しない。これらのことで，自己肯定感を高め，「やればできる」という自己効能感を上げることが大切である。

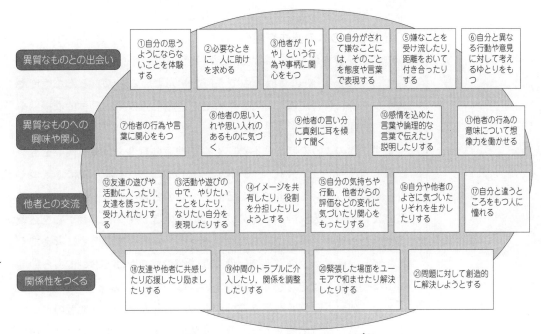

図3-1　人間を理解し関係を調整する力　◁11

出所：鳴門教育大学附属幼稚園，2003

▷11　人間を理解し関係を調整する力
鳴門教育大学附属幼稚園で20年間にわたって集積してきた記録を分析し，幼児がどのように自分や他者を理解し，人間関係を調整しながら，人間というものの存在を知っていくかというプロセスを明らかにしたもの。

がっているんです……」など心配のつきない保護者に，今の幼児の状況や発達の課題を確認でき，次へのステップや大人の援助の仕方が具体的にわかります。幼児の人間関係の発達を見通すことで，適切な指導ができていきます。

演習　事例3-1を読んで，それぞれの幼児が体験していることは何かを，図3-1の中から見つけてみましょう。（10分）

①異質なものとの出会い

　幼児たちは，まず，自分とは異なる他者との出会いを体験します。その「異質なものとの出会い」の中では，①自分の思うようにならないことを体験します。そこで，②必要なときに，人に助けを求めることも人とかかわる中で必要なスキルです。

　また，逆に③他者が「いや」という行為や事柄に関心をもつことも，他者との相互関係をつくるうえで大切な感性です。さらに，④自分がされて嫌なことには，そのことを態度や言葉で表現することも自立して生きていくうえで大切です。

　生活の中には，どうしようもない状況や避けられないトラブルもありますから，⑤嫌なことを受け流したり，距離をおいて付き合ったりする態度も重要です。これは，私たち大人にもいえることですよね。そして，⑥自分と異なる行動や意見に対して考えるゆとりをもつことが，人とか

かわる体験を意味ある学びにしてくれるのです。

②異質なものへの興味や関心

実際の保育の場面で，私たち保育者は，「この子は今，どんな体験をしているのか」「その体験の中で，何を学んでいるのか。どんな態度やスキルを身に付けてほしいのか」などを理解しながら，具体的な援助や支援の方法を考えていきます。

まず，どのような状況においても，⑦他者の行為や言葉に関心をもつ好奇心は大切にしたいことです。このことについては，先に「気づく力」でも述べている通りです。そして，この好奇心でもって，⑧他者の思い入れや思い入れのあるものに気づいていきます。保育者が心を込めて生けたお花や，年長児からのプレゼント，自分たちのために考えてくれた楽しい活動の企画，あるいは，友達がつくりかけておいてある砂場の山など，園にはそんな「思い」がいっぱいですよね。

また，何かトラブルや行き違いがあったときなどに，⑨他者の言い分に真剣に耳を傾けて聞くことも貴重な体験です。そして，このような傾聴する態度には「やり抜く力」で述べた，忍耐力や自尊心も必要です。それぞれの非認知能力が関係し合って働いていることがよくわかります。

他者に何かを伝えようとする場合には，⑩感情を込めた言葉や論理的な言葉で伝えたり説明したりすることも欠かすことができません。感情的になるとうまく伝わらないので，論理的に語ろうとするのですが，逆に，感情が入らないと生き生きとは伝わりません。私たち大人でも難しいことですね。でも，このような体験の中で，⑪他者の行為の意味について想像力を働かせる感性や知性が培われていきます。

③他者との交流

相手への思いやりや敬意，社交性などがどのような体験の中で養われていくかを観察していきます。まず，園の集団生活の中では，⑫友達の遊びや活動に入ったり，友達を誘ったり，受け入れたりすることを体験します。その中で，⑬活動や遊びの中で，やりたいことをしたり，なりたい自分を表現したりするなど，人との関係の中で自己表現や主張をしていきます。もちろん，ここでも「やり抜く力」の自信と自尊心や相手への期待が基盤にあることを忘れてはなりません。

そして，生活や遊びの中で，⑭イメージを共有したり，役割を分担したりしようとすることで，⑮自分の気持ちや行動，他者からの評価などの変化に気づいたり関心をもったりすることもできるようになります。さらに，⑯自分や他者のよさに気づいたりそれを生かしたり，⑰自分と違うところをもつ人に憧れる体験を重ねながら，向上心をもって成長し

ていくのです。

④関係性をつくる

　友達とのよい関係をつくるためには，⑱友達や他者に共感したり応援したり励ましたりすることも大切な体験です。逆に，⑲仲間のトラブルに介入したり，関係を調整したりするなどの，ちょっと難しい人間関係を体験したり，葛藤したり，努力してそれを乗り越えたりする体験は，粘り強さやたくましさを育ててくれるでしょう。

　人間関係の緊張を緩和させるスキルとして「笑い」や⑳緊張した場面をユーモアで和ませたり解決したりする能力は不可欠です。大人でもなかなか難しいですが，空気を変えるような劇的な効果を幼児期に体験し，それを使いこなせる力をつけることは一生の糧となるでしょう。これらの力を携えて，㉑問題に対して創造的に解決しようとする態度が形成されていきます。

3　かかわりの中で育つ非認知能力

1　今，注目されているわけ

　現行の幼稚園教育要領や保育所保育指針，幼保連携型認定こども園教育・保育要領で，よく見聞きするキーワードの一つが**非認知能力**です。◁12 この非認知能力は，非認知的スキルや社会情動的スキルとも呼ばれています。知識や経験を獲得したり，それらを活用して考えるといった認知的能力と区別される能力のことです。IQ などで数値化されにくい非認知能力は，「学びに向かう力，人間性等」とも表現されます。

　非認知能力は学力や技能とは異なるもので，目標達成力（忍耐力，自己管理力，目標達成への情熱），他者との協働力（社会性，尊敬，思いやり），情緒管理力（自己肯定感，楽観性，自信）などです（OECD，2015）。

　この能力の育成効果は，科学的にも証明されつつあります。OECD が加盟11か国を対象に実施した調査では，肥満，鬱，問題行動，いじめなどの抑制や，アルコール摂取や喫煙などの生活習慣と相関があることが示されています。また，常勤雇用率を高め，年収の増加や良好な健康状態につながります。さらにこれらが社会全体に波及することで，税収増加や医療費削減といった社会的，経済的効果につながるという調査結果もあります（文部科学省『平成26年度　教育改革の総合的推進に関する調査研究〜教育の総合的効果に関する定量的分析〜報告書』2015年）。

▷12　非認知能力（non-cognitive ability）
このほか社会情動的スキルや社会情緒的スキルなどとも訳されている。やさしく図解した参考図書としては，佐々木晃『0〜5歳児の非認知的能力——事例でわかる！社会情動的スキルを育む保育』（チャイルド本社，2018年）参照。

2　非認知能力の重要性

　「人間の能力は大きく認知能力（cognitive ability）と非認知能力（non-cognitive ability）に区分できるが，『非認知能力』のとりわけ，就学前の幼児教育が重要である」という，幼児期における非認知的能力の効果についての関心は，アメリカの経済学者ヘックマン博士の研究によって，いっきに高められました。博士はアメリカにおける長期的な縦断研究のデータを再分析しました。その結果，「人生で成功するかどうかは，認知的スキルだけでは決まらない。非認知的な要素，すなわち肉体的・精神的健康や，根気強さ，注意深さ，意欲，自信と言った社会的・情動的性質もまた欠かせない」（ヘックマン，2015）と，幼児期の教育の効果を論じました。

　日本では，学習塾での入試の準備教育やテストの成績，IQなど，認知的能力の中の，いわば「読み・書き・計算」的な物差しで幼児の能力を図ろうとする傾向が依然としてあります。しかし，たとえ乳幼児期などの早い段階から教科学習を開始したとしても，長期的にIQを向上させるという面では効果が薄いということがわかってきています。

　では，何に就学前教育，幼児教育の効果がもっとも顕著に現れたのでしょう。それが，非認知能力です。博士がその後の成長を追跡調査した結果，教育を受けた子のほうが教育を受けていない子と比べて14歳時点での学校出席と成績，19歳時点での高校卒業率，そして27歳と40歳時点の収入や犯罪率や持ち家などで，優れた結果を出していることがわかりました。こうした成功の要因として，博士は就学前に毎日勉強を頑張ったこと，貧困から抜け出そうという向上心，先生に優しく対応された経験や感謝の気持ちなどが育った結果という結論を科学的に証明しました。このように，非認知能力が認知能力の土台となることや，非認知能力は幼児期から小学校低学年に育成することが効果的であるなどの研究成果も注目されているところです。

　私たちの社会は情報化やグローバル化が進んで，より複雑になっていっています。この子たちの成人した社会を想像してみてください。与えられた知識や情報の活用だけでは生き抜くことはさらに難しくなるでしょう。一人ひとりの力を存分に発揮し，他者と目標を共有し，知恵を出し合い，それぞれの持ち味や良さを生かし合いながら，よりよいものを創造していく非認知能力を幼児期から育てる必要があります。

3　非認知能力の土台のうえに育つ様々な力
演習　事例3-2から，どのような非認知能力や認知能力が読み取れる

でしょうか。また，４歳児と５歳児の発達の違いについて読み取ったことをレポートしてください。（10分）

【事例３‐２　おなかがすいてかわいそうよ（４・５歳児10月）】

　園外保育で４歳児のユウカはカナヘビを捕まえた（写真３‐１）。「きれいな色でしょう。うわぁ。かわいい。わたし，園につれて帰りたい。わたしのお友達にするの」と，芋掘りそっちのけでカナヘビを友達に見せたり手の上をはわせたりしている。

　やがて彼女の周りに人だかりができた。バッタをくわえるカナヘビを見て，「やめろよ。バッタがかわいそうだろ」と５歳のリョウタ。「この子（カナヘビ）だって，おなかがすいてかわいそうよ」とユウカが５歳児の言葉尻をとらえて反論する。「このバッタは，もう死んでいるから，いいんじゃないの」５歳児のサワコ

写真３‐１　うわぁ、かわいい

が応援する。傍から別の５歳児が保育者にも投げかけるように「でもな。園に連れて帰って，飼うっていうことは，ずっと虫や動物を餌にすることになるんだぞ」と言う。

　保育者はうなずきながら議論を聞いている。「カメの餌ではいけないの」とサワコが提案する。「わたし，死んだ虫とかカメの餌あげるから……」ユウカも言うが，なお５歳児たちは「勝手に連れていくのはいかん。ここで好きにさせておいてやれよ」とたしなめる。「先生……」とユウカが意見を求めてくる。「ぼくはいつも悩むんだ。今日のお芋も畑から掘って帰るしな。魚釣りするときはエビやゴカイを針にさして餌にするし，釣った魚も食べるし。うーん。悩むよなあ。できるだけ無駄にとったりしないようにはしているし，頂いた命は『いただきます』って大事に食べてるけど，うーん。難しい……悩むなあ」。

　そうしているうちに，ユウカはカナヘビを草むらに放した。「わたしがまた，遊びに来てあげるって，お話したの」ユウカは手を振っている。５歳児たちもほっとしたような顔で笑っている。「ユウカちゃんは，カナヘビの気持ちもわかるんですか？」と保育者が聞くと，「うん，『連れて行って』って言ってなかったもん。まだ子どもだったのかなあ」と首をかしげて笑っている。「そら，言えんやろ」とリョウタはすかさずツッコミを入れた。

（＊写真は掲載許可済）

　ユウカのカナヘビに感嘆する姿からは，彼女がこれまで，豊富に小さな動物たちとかかわってきていることがわかります。カナヘビが捕まえられたという事実も，それを手に載せるという行為も，カナヘビの性質や特徴を知っているからできるのでしょう。その色や姿の美しさや不思

議さへの驚嘆も，鋭い気づきや観察力があってのことです。

　幼児たちは，友達や保育者と心を通わせて豊かな言葉や表現を身に付けています。また，思いめぐらしたことなどを言葉で表現することを通して，言葉による表現を工夫したり楽しんだりするようになっていきます。カナヘビとの出会いから生まれた新たな状況の中で，生命をめぐる5歳児たちとの議論は活発になっていきました。盛んに言葉を交わす中で，幼児らのもっている言葉が膨らんだり，未知の言葉と出合ったりして，新しい言葉や表現に関心が高まっている様子もうかがえます。

　また，4歳児のユウカは，カナヘビなど自然に触れて感動する体験を通して，自然の美しさや変化などを感じ取っていることもわかります。実際に触れてかかわることで，身近な生き物や事象への関心は高まります。好奇心や探究心をもって，思いをめぐらせ，言葉などで表しながら，自然への愛情や畏敬の念をもつようになっている様子も推察できます。5歳児たちの「園に連れて帰って，飼うっていうことは，ずっと虫や動物を餌にすることになるんだぞ」などの言葉は，生命の営みの不思議さや生命の尊さへの気づきを促す問題提起となっています。また，カメの餌なら食べるのでは？ という推察も，5歳児ならではの生き物の類型が垣間見られますね。

　現在，私たちの幼児教育界も近い将来訪れる様々な課題を見据えた教育のありようが求められています。この非認知能力はもっとも基本的な力ですが，そのほかにも，たとえばAI（人工知能）が劇的に仕事や生活のあり方を変え，求められる人間の仕事は単純作業から独創的な創造性と高い生産性の業務へと変わりつつあります。将来どんな職業に就こうとも，この Science, Technology, Engineering, Mathematics の教養が必要となり，人間の特徴である創造的な分野「Arts」を掛け合わせ，総合的に学ぶという教育が STEAM 教育です。2020年から施行の学習指導要領の説明時にも STEAM 教育と Society5.0 の関係性について説明しています。Society5.0 とは，サイバー空間（仮想空間）とフィジカル空間（現実空間）を高度に融合させたシステムにより，経済発展と社会的課題の解決を両立する，人間中心の社会（Society）を示しています。事例3-2の幼児たちの姿を「単なるもめごと」ととらえるか，それとも「目まぐるしく変転し，複雑で予測困難な時代を生き抜く STEAM 教育にもつながる萌芽を秘めた注目すべき体験」ととらえるかは，保育者の資質・能力を試されているといえるでしょう。

演習課題

① 事例に登場した3歳児，4歳児，5歳児の人とのかかわりの特徴を述べてください。（1つ以上）

② その発達の特徴に合わせた援助のポイントを述べてください。（1つ以上）

＊ヒントは事例中の保育者のかかわりにあります。

引用・参考文献

津守真（2008）『出会いの保育学』ななみ書房

鳴門教育大学附属幼稚園（2003）『文部科学省研究開発実施報告書』

ヘックマン，ジェームズ・J.著，古草秀子訳（2015）『幼児教育の経済学』東洋経済新報社

OECD (2015) "Skills Studies Skills for Social Progress," *THE POWER OF SOCIAL AND EMOTIONAL SKILLS*, OECD

第 4 章

乳幼児期における人とのかかわりの発達

●乳幼児期における人とのかかわりの重要性を理解しましょう。
●愛着理論と愛着の形成過程を理解しましょう。
●依存から自立への過程と人とのかかわりについて把握しましょう。

　ヒトは，大人との相互作用により「人への信頼感」と「自己への肯定感」を獲得し，それを基盤に依存から自立への道を歩き始めます。ここでは，出生から3歳頃までの子どもの対人関係の発達とその重要性，自我の形成と他児への関心について学びます。

1　人とのかかわりの重要性

1　ヒトの発達の特殊性

　哺乳類には，ウマ・ウシ・ヒツジのように成熟した状態で生まれるタイプ（離巣性）と，イヌ・ウサギ・ネズミのように未熟な状態で生まれるタイプ（留巣性）の2つがあります。離巣性の哺乳類は，妊娠期間が長く1回の出産数は1，2頭で，生後すぐに立ち上がって自力で乳を吸いにいくことができます。それに対して留巣性の哺乳類は，妊娠期間が短く一度に多数生まれ，生まれたときの状態はとても未熟です。

　ではヒトはどちらのタイプでしょうか。高等でありほぼ単数で生まれるので離巣性のようですが，生まれたときには歩くどころか首もすわっていないという極未熟な状態であるという矛盾をかかえた哺乳類であることがわかります。これはヒトの胎児が大型化し，特に頭が大きく，自立歩行により垂直になった産道を通って生まれてくることが困難になったため，ポルトマン（Portmann, A.）が「生理的早産」という言葉で表したように，すべてのヒトは約1年早く生まれてしまったのです。

　その結果，どのようなことが起こったでしょうか。1つ目に，ヒトの赤ちゃんは極未熟な状態で生まれてくるため，全面的に他人に頼らないと生きていけないこと。2つ目に，歩くまでに約1年間，大人になるまでに約20年かかるため，育つ環境の影響が非常に大きいこと。3つ目に，

人とのかかわりやコミュニケーションが必要であり，その手段として言葉が習得されるようになったことです。

　未熟なヒトの赤ちゃんがどのように成長し，社会的存在としての人に発達していくのかを順にみていきましょう。

2　乳児の五感と人への関心

　未熟な状態で生まれて，全面的に他人に依存せざるを得ないヒトの赤ちゃんですが，生きていくためのエネルギーをもって生まれてきます。主体的に行動する際の源となる様々な欲求とともに，能動的に外界を動かす有能性（コンピテンス）を秘めています。

　その一つは，人を引き付ける力です。赤ちゃんにはかわいらしく見える法則があり，丸い頬，大きな頭，顔の下半分にある目や鼻や口などのベビーシェマは，周りの人をひきつけ，声をかけたくなったり世話をしたくなったりさせます。

　もう一つは，好奇心です。人間には生まれながらに備わっていて，おもしろいと思うものには興味・関心を抱き，探索活動を起こさせます。

　乳児はこの2つの力をもって，周りの環境を動かしていきます。特に人に対して関心をもち，かかわりをもつようになりますが，それには乳児の五感が深く関係しています。

　五感とは，視覚（目）・聴覚（耳）・嗅覚（鼻）・味覚（口・舌）・触覚（皮膚）です。新生児においては，聴覚がもっとも発達しており，胎内ですでに母親の声を聞いています。嗅覚もよく発達していて，自分の母親と他の母親の母乳の嗅ぎ分けができるといわれています。それに比べると，視力は生後1か月では0.03くらいでよく見えていません。ただ20〜30cmにピントが合いやすく，黒白のコントラストはよく見えているといわれています。20〜30cmというのは，ちょうど乳児を抱いたときの大人の顔と乳児の顔の距離であり，乳児の顔を覗き込む人の白目と黒目のコントラストはよく見えている可能性があります。このように乳児の五感はあたかも人へと方向づけられているかのようであり，乳児の関心は周りの人の声や目や顔へと高まっていくと考えられます。

　事実，ファンツ（Fantz, R. L., 1961）が生後2，3か月と3か月以降の乳児に6種類の図版を2つずつ対にして見せたところ（**選好注視法**），人の顔のように見える図版をもっとも長く凝視しました（図4-1）。

3　応答する大人の重要性

　欲求には，生理的欲求と心理的欲求があります。生理的欲求には食欲・

▷2　選好注視法
ファンツにより考案された方法で，目の前に2つの図版を提示し，どちらの図版を長く注視するかにより，乳児の視覚的弁別能力や興味の方向性を調べた。

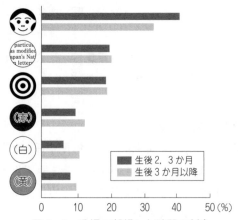

図4-1　乳児の凝視した時間の割合

出所：Fantz, 1961

排泄欲・睡眠欲など生命にかかわる欲求があり，心理的欲求には不安や恐れを感じたときに安心を得ようとする「接触欲求」などがあります。

　乳児はお腹がすいても自分で欲求を満たすことができないので，「泣くこと」によって欲求を表現します。そうすると周囲の大人がそのサインに応答して，ミルクをあげたり欲求を満たすような対応をします。この経験の積み重ねにより，乳児は「泣くこと」が大人の対応を引き出し「快」につながることを学んでいきます。また，養育者もサインを的確にとらえてタイミングよく援助をすることを試行錯誤しながら学んでいきます。

　ただ，この相互の学びの関係は，必ずうまくいくというわけではありません。乳児には生まれつき個人差・個性があり，「泣く」というサインを出す頻度も理由も強さも異なります。また養育者にも個性や個人差があり，乳児からのサインへの敏感さや応答の仕方が違うことでしょう。さらに，様々な環境的要因によりこの相互関係がボタンの掛け違いのようにうまくいかない可能性もあります。それゆえ乳児にはこのような欲求を満たしてくれる大人の存在が不可欠であり，乳児の出すサインを的確にとらえて応答してくれる大人が非常に重要になります。

2　愛着形成の理論と実際

1　ボウルビィの愛着理論

　子どもはなぜみんなお母さんが好きなのでしょうか。空腹を満たしてくれるからでしょうか。生理的欲求を満たしてくれる存在は確かに大きいでしょう。ただそれだけでしょうか。

図4-2　針金製の母親と布製の母親
出所：Harlow & Mears, 1979；川島・渡辺，2010

　発達初期の限られた期間での特定の経験がその後の発達を決めてしま
うような経験を「初期経験」といいます。動物行動学者のローレンツ
(Lorenz, K. Z.) は，ガンやカモなど離巣性の鳥のヒナは，孵化直後に見
た動くものを「親」として認識し，後をついていくことを発見しました。
これはいったん刷り込まれると修正がきかない「刻印づけ（インプリン
ティング）」という現象で，その限られた期間は「臨界期」と呼ばれま
す。人間にも，人生の初期に親を認識する臨界期より緩やかな「**敏感
期**」があるのではないかという考え方が出てきました。
◁3

　また，ハーロウ (Harlow, H. F.) は，アカゲザルの子どもを図4-2の
ような「針金製の母親」と「布製の母親」で育てる実験をしました。す
ると布製の母親の子どもはもちろん，針金製の母親からミルクを飲んで
いた子どもも布製の母親と過ごす時間が長かったのです。さらに，恐怖
を感じるような状況では両群とも「布製の母親」にしがみつくことがわ
かりました。これは，アカゲザルにとって生理的欲求の充足より身体的
接触による安心感のほうが重要であることを示しています。これが人間
に当てはまるかどうかは簡単に結論づけられませんが，空腹を満たして
くれるからであるという考えの反論になりました。

　これらの研究をもとにボウルビィ (Bowlby, J.) は，「愛着（アタッチメ
ント）」とは，「特定の人との間に結ばれる親密で情緒的な絆」であり，
人間に本来備わっている基本的構成要素ととらえて，「愛着理論」をま
とめました。乳児が，泣いたり，微笑したり，声を発したりして信号を
出すと，気づいた大人は近づいて声をかけたり，触れたり，抱き上げた
りします。他方，大人があやしたり働きかけたりすると，乳児はそれに
対して反応します。このような乳児が示す愛着行動とそれに応答する周
囲の大人との相互作用によって愛着は形成されると考えました。

▷3　敏感期
生物が成長の過程である特
定の機能を発達させるため，
特別に際立った感受性をも
つ時期のことを指す生物学
の用語。モンテッソーリは
この敏感期を人間にも備
わっているものと定義した。

45

第1段階

第2段階

第3段階

第4段階

図4-3　愛着形成の
　　　4段階

出所：Bowlby, 1969；相良
　　ほか, 2018

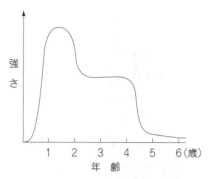

図4-4　乳幼児期の分離不安の経過

出所：Bower, 1977

2　愛着の形成過程

　ボウルビィによると，子どもが親に対して愛着を形成する過程は次の4段階をたどります（図4-3）。

　第1段階（誕生から3か月頃まで）

　誰に対しても同じように，見つめたり，微笑したり，発声したりします。

　第2段階（生後6か月頃まで）

　人の弁別ができ始めており，よくかかわってくれる人（たいてい養育者）に対して，より多く声を発したり，微笑んだりします。

　第3段階（2，3歳頃まで）

　特定の人に対する愛着行動が顕著になり，視界から消えると不安になって追いかけたり（後追い），知らない人を怖がったり（人見知り）します。大部分の乳児は，人見知りをするようになって間もなく，親から離れると「分離不安」を起こすようになり，通常1歳1か月から1歳6か月に最高に達するとされます（図4-4）。

　第4段階（2，3歳以降）

　愛着の対象となる人の感情や動機を洞察して，相手に合わせることができるようになります。つまり一時的に離れても大丈夫になります。

【事例4-1　壮絶な後追い（1歳児）】

　去年，出産した。男の子である。誰に似たのか，やたらと元気な子で，おかげさまでたいした病気もせず，先日は無事，1歳の誕生日をむかえた。目

下，私たち夫婦を悩ませているのは，息子の壮絶な「後追い」である。とにかく，「まんまー，まんまー」と，一日中はいはいやつかまり立ちをしながら，ばたばたよちよち，必死の形相で後を追ってくる。当然うるさいし，近所迷惑である。仕事もはかどらないし，危険なことも多い。いつの間にか，私の真後ろにいて，あわや踏みつける寸前のこともあった。……夫もまた，後追いの被害者である。私は産後1か月半で大学の仕事に復帰したため，夫は交代で息子の面倒を見てきた。そのため，息子は夫にもよくなつき，幸か不幸か「まんまー」の日もあれば，「ぱっぱー」の日もある。

（水無田，2008より一部抜粋）

3　愛着形成の重要性と愛着の対象

　子どもが恐れや不安を感じたときに，「この人がいれば大丈夫」と思える存在がいることは，子どもが安心感をもって過ごせるために重要です。1歳前後に少なくとも一人そういう存在がいることは，「人への信頼感」を獲得してその後の人生を生きていく基盤となります。ボウルビィは，乳児期の愛着形成と親子関係はその後の人間関係のモデルになるという意味で，**内的ワーキング・モデル**[4]と呼んでいます。愛着を形成することで「人への信頼感」と同時に，「自己への肯定感」も身に付けることができるのも大きな意味があります。また，エリクソン（Erikson, E. H.）も，乳児期の**心理社会的危機**[5]を「信頼　対　不信」とし，人への信頼感を乳児期に獲得することの重要性を強調しています。

　「特定の人」から「すべての人」へとつながり広がっていく人間関係ですが，最初の愛着の対象は，母親に限定されるものではなく，父親や祖父母，保育者の場合もあります。一人ではなく複数の場合もあります。保育の環境によって愛着の対象も人数も変わってきますが，特定の人との応答性に富んだ相互作用，つまり濃い人間関係が基盤にあります。一人の子どもにとって，複数の愛着対象者がいることは，多様な人間関係を経験することでもあり，多くの安全基地をもつことにもなります。

3　依存から自立へ

1　自立歩行と探索行動

　特定の人との愛着が形成され後追いが盛んになる1歳頃，自立歩行ができるようになります。極未熟な状態で生まれてきたヒトの赤ちゃんは，1歳前後に歩行という移動手段を獲得します。好奇心の塊で，今までハイハイにより移動していた乳児は，このときとばかりにあちこち探索行動を開始します。手指機能も，つかむ，つまむだけでなく，かなり自由

▷4　内的ワーキング・モデル
発達初期の養育者との相互関係の中で形成される認知的枠組みのこと。子どもは自分と他人の原型モデルを形成し，その後の対人関係に大きく影響すると考えた。

▷5　心理社会的危機
エリクソンの心理社会的発達理論では，人生を8つの段階に区分し，それぞれの段階にクリアすべき心理的課題と危機があると考えた。

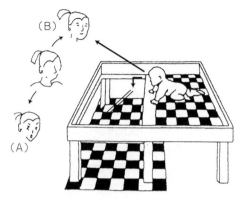

左図の左側は透明ガラス越しに床の模様が見えるようになっており，断崖越しに母親がいろいろな表情を乳児に向ける。

（A）恐怖の表情：
母親の方へ這っていく乳児はいなかった。

（B）喜びの表情：
約74％の乳児が母親の方へ這っていった。

図4-5　視覚的断崖の実験

出所：Sorce et al., 1985；相良ほか, 2018

▷6　第3次循環反応
循環反応とは，感覚運動的活動の反復を表す。第1次循環反応（生後4か月頃まで）は自分の身体に対して，第2次循環反応（4〜12か月頃）は物に対して，第3次循環反応は能動的・実験的なかかわりをみせる。

▷7　視覚的断崖
ギブソンとウォークにより，乳児の奥行き知覚を調べるために開発された装置。6〜12か月のほとんどの乳児が視覚的断崖のところで立ち止まり，泣いたり恐怖反応を示した。

に操作できるようになってきます。この時期は，ピアジェ（Piajet, J.）のいう**第3次循環反応**[6]の時期にあたり，「こうすればどうなるのか？」という気持ちで，活発に探索活動（いたずら）をします。

　ただ，未知の世界へのチャレンジには，心の支え・安全基地が必要です。ギブソン（Gibson, E. J.）の考案した**視覚的断崖**[7]を使った実験（図4-5）では，10か月頃以降の乳児はどうすればよいかわからない状況におかれたとき，そばにいる人の表情を見て行動を決める社会的参照という行動がみられました（Sorce et al., 1985）。子どもは愛着対象者が安全基地としていてくれるから，安心して探索行動をするのです。実際，犬に近づいたがやはり怖くて戻ってきたとき，母親が大丈夫だよという表情をすると，また出かけていくような行動がみられます。母親を基地として，行ったり戻ったりしながら少しずつ行動範囲を広げていきます。

2　愛着形成と探索行動

　1歳前後の子どもが養育者に対して形成している愛着には個人差があると気づいたエインズワースら（Ainsworth et al., 1978）は，愛着の質の測定を行いました。ストレンジシチュエーション法（図4-6）という，見知らぬ環境で母親との分離や再会を経験したときどんな反応を示したかを調べた結果，3タイプ（表4-1）があることがわかりました（その後，Dタイプ無秩序・無方向型が加わり，全部で4つになりました）。

　A（回避型）：愛着形成が不安定で，遊びの場面でも母親とのやりとりがなく一人で行動している様子がみられます。母親から無視されたり拒否されたりしているために回避するようになったと考えられます。

　B（安定型）：子どもは安定した愛着を形成できており，母親を安全基地として行ったり来たりしながら活発な探索行動がみられます。子ど

図 4 - 6　ストレンジシチュエーション法の 8 場面

出所：Ainsworth et al., 1978

表 4 - 1　愛着の 3 タイプ

A タイプ（回避型）	分離：泣いたり混乱したりしない。 再会：目をそらしたり，母親を避けようとする。母親が抱っこしようとしても子どもの方から抱きつくことはない。母親が抱っこをやめてもそれに対して抵抗を示さない。 探索：母親とかかわりなく行動することが多い（母親を安全基地としてあまり利用しない）。
B タイプ（安定型）	分離：多少の泣きや混乱を示す。 再会：母親との身体接触を積極的に求め，すぐに落ち着く。 探索：母親を安全基地として，積極的に探索活動を行う。
C タイプ（アンビバレント型）	分離：非常に強い不安や混乱を示す。 再会：母親に身体的接触を求めていく一方で，怒りながら母親をたたいたりする（近接と近接への抵抗という相反する行動をとる）。 探索：全般的に行動が不安定で，用心深い態度が見られる。母親を安全基地として，探索行動を行うことがあまりできない（母親に執拗にくっついていようとすることが多い）。

出所：中尾，2008

ものだすサインに対し母親が適切に対応してきたので，信頼感が築けていると考えられます。

　C（アンビバレント型）：愛着形成が不安定で，子どもは母親から離れ

られずに探索行動がみられません。母親が気まぐれに対応するために，不安で離れられないと考えられます。

　愛着の個人差には，それまでの母子相互関係や養育者の感受性が関与していると考えられています。何らかの事情で親子の相互関係がうまくいかずに愛着が未形成の場合，子どもの不安がうまく解消されなかったり，養育者のストレスが増したりすることがあります。

　また乳児期から幼児期への移行にともなって，環境も様々に変化します。近くの公園や児童館に行ったり，保育所に入園したり，きょうだいができたりする場合もあります。それにともなって，家族や特定の人から，他の大人や様々な年齢の子どもへと人間関係が広がっていきます。

【事例4-2　保育所に入園する（1歳児）】

　Rくんは育てやすいタイプの赤ちゃんで，活発で笑顔をふりまいている。1歳になり，母親の仕事復帰（Rくんの保育所の栄養士）と同時に保育所に入園した。家では相変わらず母親の姿が見えなくなると激しく泣きながら後を追っているとのことなので，保育所ではどのような様子なのか気になって尋ねてみた。すると，母親がエプロンをしたとたんに追いかけてこないそうで，普通に毎日機嫌よく遊んでいるとてもいい子だそうである。

3　自我の芽生えと自己主張

　自由に歩いて移動するという身体的自立を獲得した子どもは，心理的にも自立の道を歩き始めます。1歳半頃から，いけないとわかっているけれど，チラチラ大人の顔を見ながらわざとやるという行動がみられるようになります。いわゆる第一反抗期の始まりですが，子どもにとっては「自我の芽生え」です。この頃になると，自分の名前がわかり「はーい」と言って手を挙げられるようになったり，簡単な指示を理解してごみをポイとできたりします。ほめられると自分でも手を叩いたり，自分で頭をなでたりします。保育所では自分の持ち物がわかるようになったり，鏡に映っているのは自分の姿だとわかってきたりします。

　わかることが増え，できることが増えて，「じぶんでやりたい」と自己主張を始めます。しかし，すべてが思い通りになるわけではありません。公園から出ようとすると危ないと止められたり，他の子どもの飲み物を飲もうとすると取り上げられたりします。大人からみたら，命にかかわることや社会のルールに反することは教えていかなければなりませんが，まだそこまで理解ができない子どもは「イヤ」「ダメ」と言ったり，寝転がって抵抗したりします。

　本来，自分でやるという自立心や自己主張は望ましいものです。大人

は，頭ごなしに止めずに，子どもの気持ちを受け止めて，見守る・代弁する・提案する・ほめる・楽しむなど工夫をしながら乗り切る対応が求められます。3歳近くになると，やってよいことといけないことがあるとわかるようになり，何でもイヤという「イヤイヤ期」から，言葉による自己主張が強くなります。

4　基本的生活習慣の自立

　幼児期になると，世話をされることが主であった生活から，基本的生活習慣（食事・睡眠・排泄・清潔・衣服の着脱）など自分でできることが増えていきます。1歳半から3歳頃にかけて，自分でやりたいという気持ちが高まります。初めて自分でできたとき，親や保育者が喜びほめてくれると有能感と自信がうまれます。ときには失敗することもありますが，批判的になると「自分はできない。してはいけない」と思ってやらなくなります。失敗しても次にチャレンジしようと思える関係性が大切です。また，うまくいかなくてかんしゃくを起こすこともありますが，共感的に受け入れて頑張りを認めて励ましてあげましょう。

　基本的生活習慣は，子どもにとっては初めての経験を少しずつ積み重ねて習慣になっていくので，時間がかかります。自律性の発達は，自分の意思を示し，意見を主張したり，自分で決定できることが大切で，自我の芽生えにもつながっていきます。養育者は先回りしてやってあげたり早く早くと急がせたりせずに，自分でしたいという気持ちを大切にしながら，子どもの状況に応じて丁寧に援助することが求められます。

【事例4-3　トイレトレーニング（2歳児）】

　春から夏にかけてはトイレトレーニングのチャンスである。5月のある日の保育所。お昼寝起きすぐに確認すると，2歳になったばかりのYちゃんのおむつが濡れていない。「Yちゃん，トイレに座ってみようか」と声をかけると，Yちゃんはうれしそうに小さいトイレに座った。前からお友達が座るのを見てあこがれていたのだ。保育者が「しー，しー」と声をかけると，初めておしっこが出た。周りの保育者も「すごいね，Yちゃん」と拍手をした。Yちゃんはうれしくて何度もトイレを振り返っていた。「チー行く」がしばらくYちゃんの口癖になった。

4　他児への関心

1　子どもへの関心——模倣・共感・いざこざ

　乳児期も他児への関心はあり，近寄って顔に手を伸ばすなどの行動がみられますが，まだまだ大人とのかかわりが中心です。1歳頃になると，偶然トンネルや壁の向こうに知っている他児の顔をみとめて，互いに顔を見合わせて笑うことはみられますが，意図してではありません。たとえおもちゃの取り合いをすることがあっても，相手の顔を見ないでおもちゃのほうばかり見ています。

　ところが1歳半頃から，はっきりと他児の言動に関心をもち始めることがわかります（図4-7）。自分より少し大きな子どもがジャンプしていると真似しようとしたり，同じくらいの子どもが壁をドンドン叩いたら自分も同じように叩いたりします。おもしろそうだなと思うと模倣したり，笑い合って共感したり，楽しんでいる様子がみられます。

　同時に，おもちゃの取り合いなどのいざこざも起きるようになります。ときには噛んだり叩いたりすることもあります。その背景には，まだ自分の意思を言葉で言い表せないもどかしさ，他者の気持ちがまだ理解できないことや自己抑制がむずかしいことなどがあります。人とのかかわり方のイロハを学んでいるこの年齢の子どもに対して親や保育者は，丁寧に教えていくことが大切です。相手にも思いがあることに気づかせるようにしたり，自分の思いを伝えるにはどうすればよいか教えていく，ときには具体的にかかわり方の見本を示すことなども有効です。その中で少しずつ相手の気持ちを知り，おもちゃを貸してあげるなど愛他行動（思いやり）をする子どもも出てきます。一緒に遊ぶと楽しいことを知ることが何より大切です。

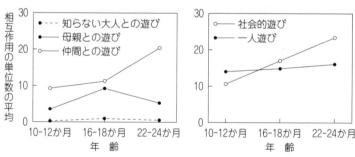

図4-7　生後2年間の社会的遊びの成長

出所：Eckerman et al., 1975

2　言葉の獲得

　人間関係に重要な役割を果たしているのが言葉です。ヒトの発達の特殊性の中で，もっとも大きな副産物ともいえる言葉の獲得には，生理的早産で生じた乳児期という約1年間が大きな役割を果たしています。乳児期の愛着形成という濃厚な人間関係のおかげで，言葉が獲得されたといえます。喃語・共同注意・指さしなど乳児期の非言語的コミュニケーションが土台になり，言葉が単語から文になり，3歳半頃に話し言葉はほぼ完成します。言葉を話し，表象とイメージによる思考ができるようになったことにより，誰とでもコミュニケーションができるようになったことは，今後の人間関係に大きな役割を果たしていきます。

演習課題

① エインズワースらの実験結果に後で追加された愛着の個人差のDタイプ（無秩序・無方向型）について，子どもや母親にどのような特徴があるのか調べてみましょう。

② 事例4-1・事例4-2について感想や気づきを話し合ってみましょう。

③ 次の対応を考えてみましょう。

　Ⓐイヤイヤ期が始まった1歳児クラスの子どもたちは，「今からお片づけします」と言うと「イヤだ」「イヤだ」と口々に言い始めました。どのように理解し，どう対応しますか。

　ⒷSくんは一人でズボンをはきたいと頑張っていますが，うまくいかなくてかんしゃくを起こしています。どう対応しますか。

引用・参考文献

川島一夫・渡辺弥生編著（2010）『図で理解する発達──新しい発達心理学への招待』福村出版

相良順子・村田カズ・大熊光穂・小泉左江子（2018）『保育の心理学──子どもたちの輝く未来のため』ナカニシヤ出版

高橋道子・藤崎真知代・仲真紀子・野田幸江（1993）『子どもの発達心理学』新曜社

中尾達馬（2008）「愛着」渡辺弥生・伊藤順子・杉村伸一郎編著『原著で学ぶ社会性の発達』ナカニシヤ出版，176頁

繁多進監修，向田久美子・石井正子編著（2010）『新　乳幼児発達心理学』福村出版

水無田気流「親の記憶，子の記憶」『日本経済新聞』2008年10月26日付

村田孝次（1981）『児童心理学入門』培風館

Ainsworth, M. D. S., Blehar, M. C., Waters, E., & Wall, S. (1978) *Patterns of attachment: A psychological study of strange situation*, Erlbaum

Bower, T. G. R. (1977)（岡本夏木ほか訳（1980）『乳児期——可能性を生きる』ミネルヴァ書房）

Bowlby, J. (1969)（黒田実郎ほか訳（1976）『母子関係の理論Ⅰ　愛着行動』岩崎学術出版社）

Eckerman, C. O., Whatley, J. L., & Kutz, S. L. (1975) "Growth of social play with peers during of second year of life," *Developmental Psychology*, 11, pp. 42-49

Erikson, E. H. (1963) *Childhood and society*, W. W. Norton（仁科弥生訳（1977）『幼児期と社会Ⅰ』みすず書房）

Fantz, R. L. (1961) "The origin of form perception," *Scientific American*, 204, pp. 66-72

Gibson, E. J., & Walk, R. D. (1960) "The 'visual cliff,'" *Scientific American*, 202, pp. 2-9

Harlow, H. F., & Mears, C. (1979)（梶田正巳・酒井亮爾・中野靖彦訳（1985）『ヒューマン・モデル——サルの学習と愛情』黎明書房）

Lorenz, K. (1935)（丘直通・日高敏隆訳（1977，1978）「鳥の環境」「世界における仲間——社会的な行動様式の解発契機としての種仲間」『動物行動学Ⅰ上下』思索社）

Piajet, J. (1936)（谷村覚・浜田寿美男訳（1978）『知能の誕生』ミネルヴァ書房）

Portmann, A. (1951)（高木正孝訳（1961）『人間はどこまで動物か——新しい人間像のために』岩波新書）

Sorce, J. F., Emde, R. N., Campos, J., & Klinnert, M. D. (1985) "Maternal emotional signaling: Its effect on the visual cliff behavior of 1-year-olds," *Developmental Psychology*, 21, pp. 195-200

第5章 人とのかかわりの発達

学びのポイント

●いざこざやけんかはどのような意味があるのか考えてみましょう。
●思いやりの気持ちはどのように育っていくのか考えてみましょう。
●道徳性や規範意識の芽生えを培う保育者の指導について考えてみましょう。

　人間は一人では生きていけません。生まれたときから人とかかわって生活をしていきます。幼稚園，保育所や子ども園は子どもたちが初めて経験する社会生活の場です。本章では，子どもにとって初めての社会生活の中で，遊びを通して，子ども同士がどのようにかかわっていくのか，関係をつくっていくのか，何を学んでいくのかなど，人とかかわる力を育むうえで必要な経験について考えていきます。

1　いざこざから生み出されるもの

1　いざこざやけんかの定義

　いざこざやけんかという言葉をよく聞きますが，どのように違うのか定義を整理しておきます。『広辞苑』によれば，「いざこざ」は双方の意思がくい違い，問題が起きること。もつれること。もめごとを示します。「けんか」とは，争いやいさかいを示します。山本（1995）は，相互の利益・要求や意図・主張が対立し，葛藤状態に陥ったときに「いざこざ」が発生した状態ととらえています。また，どちらも主張を引くことなく，またうまく調停されることもないまま，暴力による激しい対決に至り，一方の服従によって対立を抑圧的に解消する場合，この過程が「けんか」であるとしています。小林（1977）は，「けんか」は攻撃行動の一つの場合で，対人関係のうち社会的身分，能力，生活目標などが同一圏内にある個人または集団間で欲求と欲求阻止をめぐって起こす相互侵害，攻撃の言動であるとし，斉藤（1986）は，「いざこざ」は，ある子どもが他の子どもに対して，不当な行動あるいは不満・拒絶・否定などを示す行動を発語や動作・表情で行った場合と定義しています。

　これらのことから，「いざこざ」は子ども同士が自分の意思を出し合

▷1　山本，1995，p. 179

▷2　小林，1997，p. 235

▷3　斉藤，1986，pp. 69-70

▷4　竹中，2014，p. 4参照

55

い，意思や主張がくい違うときに起きる葛藤状態，「けんか」はその不満な思いが発語や表情などで表現されるのではなく，攻撃行動として発展した行為ととらえられます。

2　子どものいざこざやけんか

幼稚園や保育所，こども園は様々なものの見方・考え方・行動の仕方の異なる子どもたちの集まりで形成されている集団生活の場です。遊びの中では，友達の使っている赤い車を使いたい，先生の横に座りたいなど同じ欲求をもつ子ども同士，あるいはおうちごっこの仲間に入れてほしい，入れたくない，砂場やブロック，積み木遊びではイメージや思いの違いなどぶつかり合いが生じてきます。生活の場面では，排泄や手洗いで並んで順番を守る，片付けの時間には遊びを終わらせるなど約束やきまりがあります。守らないことでいざこざが生じてきます。子どもたちが共に遊び生活する中では，日常的にいざこざが生まれています。

子どもは自分の思いが通らないと，通そうとします。自分の思いが通らないのは相手のせいだと思い，相手に怒りを感じていきます。自分の気持ちを抑制，調整できなければ，言葉や行動で相手に攻撃を加えていきます。互いに相手を攻撃し合えば，けんかに発展していきます。

3　いざこざやけんかの年齢的特徴

いざこざやけんかは，年齢による特徴がみられます。しかし，子ども自身の人とかかわる経験，生活環境の違い，保育環境の違いによって現れ方が異なるなど，個人差があります。ここでは一般的な傾向を述べておきます。

①1～2歳

自我が芽生え自分の要求が強くなることで，自分の使いたいおもちゃがあると他者と取り合いになったり，友達を叩いたり，押したり，噛んだりなど身体的攻撃が多くなってきます。単純に「もの」が欲しい，触りたいというときには，同じような「もの」を提供することで満足することもあります。使っていた子どもは，独占欲「わたしのもの」という気持ちが強いので譲ることは難しいようです。自我のぶつかり合いの時期といえます。

▷5　塚本，2018参照

②2～3歳

ものや場所の取り合いにおけるいざこざが，さらに多くなってきます。他者が使っているものが欲しくなると無理やり取ろうとしたり，自分の欲求を満たすために，叩いたり，噛んだり力ずくで奪おうとする姿も多

くみられます。3歳頃では「貸して」「ちょうだい」などの発話がみられるようになると，直接的な攻撃は少なくなってきます。また，自分の使っていたおもちゃを放置してどこかに行ってしまい，戻ったときに他児が使っていても，先に自分が使っていたのだから，自分の物だと主張する姿がみられます。片方の子どもは，誰も使っていなかったから使ったと主張をし，いざこざやけんかが始まります。同じ「もの」を提供しても，今，そこにある「もの」でなくては納得しないようになります。おもちゃとしては同じでも，自分にとっての意味が違うということになります。

③4〜5歳

もの，場所，人の取り合いが多くなり，いざこざもピークとなっていきます。ものでは，自分が遊びに必要な遊具，たとえばブロックが足りないと他児が使っているブロックを取ろうとしますが，発語も豊かになり，言葉による交渉もみられてきます。場所の取り合いでも多少譲り合えるようになり，3歳児に比べて，もの，場所の占有によるいざこざは少なくなってきます。反対に，周囲の状況や他児にも興味が出てくるようになり，自分の気持ちを優先し相手の意に添わない行動をすることで，いざこざが生じることがあります。また，行動も大きくなるので，通りすがりにぶつかるなど，偶発的なことから互いを非難するなどがみられます。遊ぶ人数も増えてくるにしたがって，互いのイメージのくい違いによる主張のぶつかり合い，鬼ごっこやドッジボールなど集団遊びにおけるルール違反を許せないために起こるいざこざやけんかが増えてきます。「○○ちゃんはずるい」「△△ちゃんとはもう遊ばない」など，一方的な発言により不快感を与え，いざこざが生じることもあります。

④5〜6歳

集団で遊ぶことも増え，遊びのルール違反や，勝敗にこだわることによるいざこざがみられます。友達のいざこざに他者が介入し，状況がわからないまま一方的に責めたり，友達間の力関係も影響してきます。ぶったり，叩いたりなどの攻撃的な行動は少なくなってきますが，強い口調で言い合ったり，言語表現によって相手を傷つけたりすることがあります。自分が原因をつくったとしても，それに対する相手の言い方が気に入らない，態度が気に入らないなど，相手の対応によってさらに怒りが増すなど，本来の原因から複雑になっていくこともあります。保育者の丁寧なかかわりが必要になってきます。幼稚園教育要領解説では次のように述べられています。

▷6　幼稚園教育要領解説第2章「ねらい及び内容」第2節「各領域に示す事項」2「人との関わりに関する領域『人間関係』」内容(6)

> 　幼児の自己発揮と自己抑制の調和のとれた発達の上で，自己主張のぶつかり合う場面は重要な意味をもっていることを考慮して教師が関わることが必要である。例えば，いざこざの状況や幼児の様々な体験を捉えながら，それぞれの幼児の主張や気持ちを十分に受け止め，互いの思いが伝わるようにしたり，納得して気持ちの立て直しができるようにしたりするために，援助をすることが必要になる。

　子どもにとっていざこざやけんかは，社会性の発達を促すうえで重要な経験となっていきます。保育者は早急に解決することに意識が向きがちですが，子どもの年齢的特徴をとらえて適切な援助をしていくことが必要です。いざこざやけんかの状況を理解し，子どもの心理状態を推し量り，子どもの気持ちに真摯に向かい合い，子どもと共に解決していく，これらの過程が社会性の発達を促すためにはとても大切です。

4　いざこざやけんかなどのトラブルを通して成長する力

　幼児は成長にともなって，自分の欲求を相手に向かって通そうとしたり，調整しようとしたり，解決しようとしたり，ぶつかり合いながらも努力をしていくようになっていきます。これらの他者とぶつかる経験を通して，様々な能力・力が育っていきます。

　○他者理解・自己理解

　自分の考えや気持ちを相手に伝えていく中で，相手とぶつかり合うことを経験していきます。そのときに自分とは違った考えや行動があることに気づき，相手の気持ちや考えを想像し理解しようとします。また，そのときに他者と自分を比較し，他者と異なる自分自身にも気づいていきます。少しだけ我慢できた自分，相手に優しくできた自分など自分に自信をもつことができるようになります。これらは表裏一体の関係にあります。

　○言語能力

　自分の気持ちや考え，行動の理由などを相手に理解してもらうためには，自分の気持ちや考え，感じたこと，イメージしたこと，行動に至った状況など，相手に伝えることが必要になってきます。そのためには言葉を使って説明したり，順序だてて話したり，相手にわかるように表現したりすることが求められます。そして，相手の話を聴くことも必要になってきます。自分の気持ちの表現としての言語能力や相手の気持ちを汲み取る，話を理解する力が育っていきます。

○先を見通す力

　順序だって説明をしたり，目標に向かって取り組むための解決策を考えたりすることで，先のことを予測し，今，何をしたらよいのか，目標に向かうための手段を変えてみるなど，先を見通して行動できる力が育っていきます。

○自己制御

　いざこざやけんかなどのトラブルでは，他者の欲求や主張と直面します。そのときに自分の欲求や考えを押さえたり，反対に自分の考えを主張したりするなど，互いの欲求や主張を調整していくことが必要になります。自己主張と自己抑制の2つの側面を相手や状況に合わせて調整していく力が育っていきます。

❷　共感・思いやり，道徳性と規範意識の芽生え

1　共感・思いやり

　子どもは様々な相互交渉によって，しだいに相手としての他者について理解を深めていきます。他者の行動を，気持ちや感情，意図や動機，思考などの内面にも気づき，行動の意味を考え理解するようになります。そして，さらにその理解に基づいて，他者へのかかわり，働きかけを行います。このような他者理解の認知的発達は，他者の喜びや悲しみ，怒りや悔しさを共有し，思いやりや愛他性をもつこと，すなわち情緒的共感の発達にもかかわってきます。また，幼稚園教育要領解説第2章の第2節の2の内容(5)「友達と積極的に関わりながら喜びや悲しみを共感し合う」では，次のような記述があります。

> 　幼児は，嬉しいときや悲しいとき，その気持ちに共感してくれる相手の存在が，大きな心の支えとなり，その相手との温かな感情のやり取りを基に，自分も友達の喜びや悲しみに心が向くようになっていく。

　このように自分の感情を受け止めてくれる，わかってくれる存在がとても重要になってきます。

①共感してくれる相手の存在

【事例5-1　ぼくも痛かったから（5歳児6月）】
　「先生！お庭で転んで足から血が出てる」と言って，5歳児のA児が，泣いている3歳児のB児を教師のところに連れてきた。教師は「Aくん，ありがとう，よく気がついたね」「Bちゃん痛かったね。大丈夫だよ」と言って手当をした。A児は「ぼくも転んだことあるよ，痛かったけど先生がお薬つ

▷7　愛他性
自分の犠牲もかえりみず，相手のためになることを，自発的にしようとする行動の傾向。

▷8　幼稚園教育要領解説第2章「ねらい及び内容」第2節「各領域に示す事項」2「人との関わりに関する領域『人間関係』」内容(5)

けてくれたら治ったよ」とB児に声をかけて，元の遊びに戻っていった。B
児は小さくうなずき泣きやんだ。

　この事例では，A児はB児の気持ちを自分の経験を通して理解し行動
しています。また保育者は，A児の行動を認め，B児の気持ちを受容して
います。このように共感するということは，共感された経験が大きく
影響しています。共感する，共感されるという両者の感情体験をするこ
とが，その後の人間関係において豊かな人との交流関係を築くうえでの
重要な感情であることがわかります。

②友達との感情交流

【事例5−2　冷たいね！（4歳児2月）】

　「先生！氷見つけた」と言ってC児が氷を持って教師のところに駆け寄っ
てきた。「本当だ。冷たいね！」と教師が氷を触っていると，D児やE児も
やってきて「触ってみたい」と次々に氷を持った。「冷たい」「冷たいね」と
言って互いに顔を見合わせたり，氷を持っていて冷たくなった指先を友達の
顔につけては「キャー，冷たい」など楽しんだり，そして「どこにあった
の」「わたしも見つけたい」と3人で氷を探しに走って行った。

　この事例では，氷を見つけたC児の気持ちを保育者が受け止め，「冷
たさ」を共感しています。そこにD児やE児が加わり「冷たさ」を共感
していきます。そして，氷の感触を楽しみ，氷探しへと遊びが発展して
いきました。「おもしろそう」「ワクワクする」感情を共感しながら，楽
しんでいる子どもたちの姿が目に浮かんできます。

【事例5−3　そらくんの死（5歳児11月）】

　朝の会で「今日はみんなに大切なお話があります」と真剣な表情で話を始
める。いつもと違う雰囲気で話をする姿に子どもたちの表情が一変した。
「実は，昨日突然，“そらくん”（ウサギ）が眠ったように動かなくなりまし
た。急いで病院に連れて行ったのですが，“そらくん”は元気にならなくて，
死んでしまいました」と伝えた。「えっ！」「どうして」「そらくんかわいそ
う……」「病気になっちゃったの」子どもたちは思いもよらない教師の言葉
に驚きの気持ちを表していた。（中略）みんなで“そらくん”の亡骸に園の
庭に咲いている花を添えてお別れをした。「お花もらってうれしそうだね」
「そらくん目を開けて上向いて眠っているね」「わたし，絶対“そらくん”の
こと忘れない」「眠っていてもかわいいね」と優しく声をかけ，花を添えて
いた。「みんなのことをさよならって見ているんだね。いつもお世話をして
くれてありがとうって言っているよ。みんなのこと大好きだって。大切なこ
とは，いつまでも忘れないでいることなんだよ」と子どもたちに声をかけ，
“そらくん”に「ありがとう」とお別れをした。　（F教諭の保育記録より抜粋）

幼稚園や保育所，こども園などの集団生活は，生活や遊びを通して子どもにとって思うようにならないことや，楽しい経験，悲しい経験など様々な場面で様々な感情体験ができる貴重な教育の場です。また，同じ経験を共有できる仲間や保育者がいます。これらの感情体験は，より豊かな人間関係を構築していくためにはとても大切です。そして，そのためには，保育者自身が子どもの心に寄り添い，子どもの心と響き合うことができる豊かな心，感性をもっていることが大切です。

③思いやりの発達過程

「思いやり」は，「（相手に）思いを遣る」という言葉を語源として，「（相手に）思いを遣る（おくる）」という，すなわち，行動ではなく気持ちを表現した言葉です。泣いている子どもの側で背中をさすってあげる子ども，自分のハンカチで涙を拭いてあげる子ども，ただ横で泣きやむまで寄り添ってあげる子ども，「どうしたの」と声をかけ相手の気持ちを聞く子どもなど，相手を思いやる表現の仕方は様々ですが，幼稚園や保育所，こども園でもみられる姿です。では，思いやりはどのように育っていくのでしょうか（図5-1参照）。

○情緒の安定

思いやりの発達は，乳幼児期において周囲の大人から受容された体験，つまり温かさやおおらかさといった情操を受けることによって実現されます。すなわち，子どもの情緒的表現（泣く，笑うなど）に対する適切な対応や，子どもの身体での甘えを受け入れる（抱く，背負う，添い寝をするなど）行動や，子どもと楽しく遊んだり，温かい養護をするなど，身体で受け入れ，気持ちを汲む，自己活動を承認するなどの大人の適切な対応によって，保育者への信頼感をもち，そのことが子どもの情緒の安定に作用するという側面と，安定した子ども集団での楽しい体験の共有や自己活動の承認を得るなど，子ども集団での安心感が情緒の安定をもたらすという側面があります。

○自己受容

このように受容される体験を通して得た大人への信頼感は，情緒の安定をもたらすことになり，情緒の安定が得られると自由な気持ちの表現や自由な活動の表現が可能となります。これらは子どもの「自己受容」の主要な部分であると考えられます。

○自己主張

「自己受容」が豊かに表現されるにつれて「自己主張」が可能になります。認めてほしい，気持ちを汲んでほしい，思い通りに行動したいなどの自己主張がみられてきます。探索行動や第一反抗期という現象と

▷9　帆足，2005

▷10　帆足，2005

▷11　帆足，2005, pp. 15-24参照

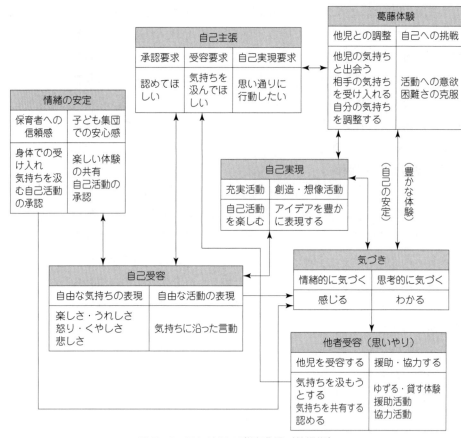

図5-1　思いやりの発達過程（幼児期）

出所：千羽．2005

なって表現されます。

　○葛藤体験

　この頃はちょうど生活習慣の自立に向けて，大人からの規制が働いている時期でもあります。今までは容認されていた自由な気持ちや活動にも「大人からの規制」が働きかけられるようになるため，子どもは戸惑い，要求をコントロールしたり，活動の選択や実行が困難となり，葛藤を体験することになります。

　この「葛藤体験」では，葛藤を克服する過程が重要な意味をもちます。困難さを克服するなど自己の挑戦に向かう側面と，集団生活においては他児の気持ちと出会う，相手の気持ちを受け入れる，自分の気持ちを調整するなど，他児の気持ちとの調整をする側面があります。

　○気づき

　子どもは行動範囲を広げ，試行錯誤を繰り返しながら，葛藤場面をも含めて，身辺の様々な他者によって受容される体験を積み重ねていきます。そしてこの過程で，しだいに「他者」の行動やその内面にある心情

に「気づく」ようになります。この「気づき」には，感じるなど情緒的に気づくことから始まり，加齢にともなって思考的に気づくことが増えてくるものと考えられますが，個人により特徴もみられます。

　○自己実現

　子どもが自己活動に熱中し，自己充実していることは，「自己実現」を意味していると私たちはとらえています。一人遊びにおいても，グループ遊びにおいても，アイディアを豊かに表現して，創造活動や想像活動を積極的に展開していきます。「思いやり」は，自発活動であり，他者から指示されたり強要されて始める行動ではありません。よって「自己実現」は図5-1のほぼ中央にあるように，自己活動を楽しむということは人間の基本的な要求の一つです。

　○他者受容（思いやり）

　以上の過程を経て，子どもは他者受容をすることが可能となっていきます。他児の気持ちを汲もうとしたり，気持ちを共有するなど他児を受容する側面や，援助したり協力したりするなどの側面がみられるようになってきます。他者受容は，一般的に幼児期後期頃からみられます。「他者受容」することが，思いやりの中核となります。幼児では，むしろ他者受容に至るまでの発達過程のほうを尊重する必要があります。これまでに述べてきた思いやりの発達の過程において，行きつ戻りつしながら，あるいはこの発達過程の循環を積み重ねながら，しかもときに揺れ動きながら，少しずつ「相手の立場に立って，相手の気持ちを汲む心」が準備されていきます。

2　道徳性と規範意識の芽生え

　最近は，大人や青少年の道徳性，規範意識の欠如が，SNSの迷惑動画などを通して拡散されています。幼児期にどのような経験を積み重ねることが，道徳性の芽生え，規範意識の芽生えを形成していくのでしょうか。無藤（2011）はこの道徳性と規範意識について重なり合う部分があるとしながら，次のように説明しています。「道徳性とは，よい／悪いということで，たとえば人を叩いてはいけないというような，世のなかにはやってよいことと悪いことがあるということの理解になるでしょう。一方の規範意識とは，ルール，きまりであり，従わなくてはならないものです。登降園時や園外保育で出合う交通ルールから各園で決められている登園時間等，生活のなかには様々なルールやきまりがあります。このルールを知っていながら守らないという場合は，反抗を意味し，道徳の問題にもなるというように，道徳性と規範意識は重なり合っている

▷12　無藤，2011

というわけです。」^{▷12}

①幼児期にふさわしい道徳性の育成

　幼児期の子どもへの道徳教育については，様々な論議がなされています。幼児期は自分の行動について客観的に考えることや，よいこと悪いことを自分で判断することが難しい，そのために大人がしっかりと教え込むことが必要であり，もう一方では，幼児期は生活の中で実際に経験した出来事やそのときに感じた様々な感情体験を通して，自分はどのように行動すればよいのか，友達など周囲の人とどのようにかかわっていけばよいのか，自分と他者との関係をどのように築いていけばよいのか考えていけるような道徳性の芽生えを大切にすることが必要である，という考え方があります。幼児期は，幼児自身が自発的に能動的に環境とかかわり，遊びや生活の中で学びを深めていく時期です。人とのかかわり方についても，実際の遊びや生活の中で様々な体験を通して学んでいくことが重視されます。『幼稚園における道徳性の芽生えを培うための事例集』では，「道徳性の発達のためには，特に，1）他者と調和的な関係を保ち，自分なりの目標をもって，人間らしくよりよく生きていこうとする気持ち，2）自他の欲求や感情，状況を受容的・共感的に理解する力，3）自分の欲求や行動を自分で調整しつつ，共によりよい未来をつくっていこうとする力が必要である。その基盤を培う時期として，幼児期は大変重要な時期であるといえる」^{▷13}と述べられています。

▷13　文部科学省，2001

②規範意識を育むためには

　幼稚園教育要領では次のように述べられています。

> 集団の生活を通して，幼児が人との関わりを深め，規範意識の芽生えが培われることを考慮し，幼児が教師との信頼関係に支えられて自己を発揮する中で，互いに思いを主張し，折り合いを付ける体験をし，きまりの必要性などに気付き，自分の気持ちを調整する力が育つようにすること。^{▷14}

▷14　幼稚園教育要領第2章「ねらい及び内容」「人間関係」3「内容の取扱い」(5)

【事例5-4　自分たちでつくったルール（5歳児9月）】

　年長組の子どもたちは，毎日リレーを楽しんでいる。下半身麻痺のため，G児は車椅子で幼稚園生活を送っていた。車椅子は介助の先生が押している。G児はリレーを見るのが大好きで，大きな声で応援をしている。H児が「Gちゃんも入ったら」と声をかけてくれたので，思い切って参加をした。何回かやっていくうちにG児の相手チームのJ児から，「Gちゃんはずるい！」「I先生（介助員）が走っているから，ぼくたち負けるに決まっているよ」。その言葉にG児はリレーに参加しなくなった。数日後，担任は運動会でクラス全員リレーがあることを話した。「Gちゃんも走ろうね」という教師の言葉で，子どもたちはいろいろと考え話し合った。そして「Gちゃんの順番は

　１番にして，Ｉ先生（介助員）は相手チームと同じくらいの速さで走っても
らう」ことを考えついた。自分たちでつくったリレーのルール。クラス全員
が参加できるように考えた子どもたちの思いやりの詰まったルールになった。

　この事例では，子どもたちがクラスの仲間が一緒に楽しめるように特
例をつくりました。そこに至るまでには，個々の幼児の様々な思いや経
験があります。教師は幼児の経験を念頭に置き，相手の気持ちをわかろ
うとしたり，遊びや生活をよりよくしていこうとしたりする姿を丁寧に
とらえ，認め，励ましていくことが必要です。規範意識は，子どもたち
がきまりを守るとみんなが楽しく過ごせることに気づいたり，生活や遊
びの中で必要感をもって行動する過程で培っていくことが大切です。

3　個と集団の育ち

　幼稚園，保育所やこども園などは集団の教育を生かす場です。幼稚園
教育要領では次のように記述されています。

> 　一人一人を生かした集団を形成しながら人と関わる力を育てていくように
> すること。その際，集団の生活の中で，幼児が自己を発揮し，教師や他の幼
> 児に認められる体験をし，自分のよさや特徴に気付き，自信をもって行動で
> きるようにすること。◁15

▷15　幼稚園教育要領第
2章「ねらい及び内容」
「人間関係」3「内容の取
扱い」(2)

　このためには子どもと保育者の信頼関係をもとに，子ども同士がつな
がる温かな集団をつくっていくことが必要でしょう。子どもが集団で生
活をするということは，様々な体験をしていきます。喜びや楽しさばか
りではなく，悲しさ，悔しさ，そして葛藤体験もあるでしょう。友達と
の衝突も生まれてきます。こうした体験を通し，自己を実現していく力，
自己を発揮していく力が養われてきます。これは人間関係能力を醸成し
ているといえます。集団は個々の力が影響し合い，互いに成長していく
場です。そうすることで集団としての質も高まっていきます。

1　子どもが育ち合う集団づくり

　前出の事例5-4では，Ｇ児のリレーに参加したい気持ちをＨ児が受
け止めています。そして，実際にリレーを行っていく中で様々な課題を
子どもたちがみつけていきます。Ｊ児からは勝敗がかかわっていること
で公平さを要求されました。そのような場面を保育者は的確にとらえ，
運動会のリレーの話をします。「Ｇちゃんも走ろうね」という言葉で，

子どもたちは知恵を出し合っていきました。このように保育者は個々の思いを汲みながら，心の動きに対応していきました。そして子どもたちは一人ひとりの思いが解決される方法を生み出していきました。個の育ちは集団を育て，集団の育ちは個を育てていきます。個と集団は別個のものではなく，相互に影響し合っていきます。一人ひとりの幼児を育てるとともに学級集団を育てていくことが大切です。

2　折り合うことと保育者の援助

　集団の中では，自己を発揮しながら人と折り合いをつけ気持ちを調整していくことが必要となってきます。外薗（2016）は折り合いについて，他の子どもの中で自分がどのように生活していくとよいかに気づくこと，遊びに夢中になり探究し，集団の中でも自分の力を発揮すること，学級や仲間の中で自己が認められ，集団の中で存在感をもつこととします。子どもは自己発揮と他者との間の折り合いを繰り返しながら，自己肯定感や有用感を高めていきます。折り合うことが難しい時期があり，「折り合えないこと」に保育者と共に向き合おうとすることに大きな意味があります。さらに葛藤を乗り越えるには，保育者との信頼関係や子ども同士のかかわりの広がりが深く関係していることがわかった，とも述べています。▷16 このように幼稚園や保育所，こども園などの集団生活で出合う様々な体験と保育者の専門的な援助が，人とのかかわりの育ちには重要になってきます。

▷16　外薗，2016

演習課題

① 　ブランコの順番待ちをしている場面です。3人組になり，ブランコにいつまでも乗っている子，順番を待っている子，保育者の3つの役割を交代し合い，すべての役割を体験し，感じたこと考えたことを話し合ってみましょう。

② 　SNSによる迷惑動画について，なぜ迷惑な行動をSNSで発信するのでしょうか。道徳性，規範意識にも触れながら考えたことを話し合ってみましょう。

引用・参考文献

小林さえ（1977）「けんか」依田新編『新・教育心理学事典』金子書房，235頁
斉藤こずゑ（1986）「仲間関係」無藤隆・内田伸子・斉藤こずゑ編著『子ども時代を豊かに──新しい保育心理学』学文社，59〜111頁
外薗知子（2016）「保育実践研究からみえた『7つの折り合う姿』の発達と保育者の援助」無藤隆・古賀松香編著『社会的情動スキルを育む「保育内容

人間関係』』北大路書房，74〜121頁

竹中美香（2014）「乳幼児期のけんかやいざこざに関する自我発達心理学的研究」（博士論文）大阪総合保育大学大学院

千羽喜代子（2005）「思いやりを概観する　2 思いやりの発達過程」千羽喜代子・長山篤子・帆足暁子・永田陽子・青木恭子『思いやりが育つ保育実践』萌文書林，15〜24頁

塚本美知子編著（2018）『対話的・深い学びの保育内容　人間関係』萌文書林

帆足暁子（2005）「思いやりを概観する　1 思いやりとは」千羽喜代子・長山篤子・帆足暁子・永田陽子・青木恭子『思いやりが育つ保育実践』萌文書林，10〜14頁

無藤隆（2011）「道徳性・規範意識・気持ちの調整」『保育の学校　第 2 巻 5　領域編』フレーベル館，31〜59頁

無藤隆・内田伸子・斉藤こずゑ編著（1986）『子ども時代を豊かに――新しい保育心理学』学文社

文部科学省（2001）『幼稚園における道徳性の芽生えを培うための事例集』ひかりのくに

文部科学省（2018）『幼稚園教育要領解説』フレーベル館

文部科学省（2018）『幼稚園教育要領』フレーベル館

山本登志哉（1995）「けんか」岡本夏木・清水御代明・村井潤一監修『発達心理学事典』ミネルヴァ書房，179頁

第 **6** 章　保育者の様々な役割

●幼児は，どんなときにどんな保育者を求めているかを考えてみましょう。
●保育者は，どのような場面でどのような援助をしているかを理解しましょう。

▷１　保育の目的と保育者の役割

保育の目的については次の通り。「保育所は，児童福祉法（昭和22年法律第164号）第39条の規定に基づき，保育を必要とする子どもの保育を行い，その健全な心身の発達を図ることを目的とする児童福祉施設であり，入所する子どもの最善の利益を考慮し，その福祉を積極的に増進することに最もふさわしい生活の場でなければならない」（厚生労働省，2018, p. 13）。

「保育所は，その目的を達成するために，保育に関する専門性を有する職員が，家庭との緊密な連携の下に，子どもの状況や発達過程を踏まえ，保育所における環境を通して，養護及び教育を一体的に行うことを特性としている」（厚生労働省，2018, p. 14）。

学校教育法第22条「幼稚園は，義務教育及びその後の教育の基礎を培うものとして，幼児を保育し，幼児の健やかな成長のために適当な環境を与えて，その心身の発達を助長することを目的とする。」

保育者の役割は，保育の目的を果たすため，幼児の最善の利益を考慮して心身の発達を助長すること。

> 保育の中で，私たち保育者は様々な役割を果たしていきます。幼児にとってよき理解者，幼児に共感する共感者，活動を助ける援助者，一緒に活動する共同作業者，そして幼児の手本や憧れの対象となるモデルです。この章ではこれらの役割を「私」という保育者の視点から考えていきましょう。

1　求められる保育者像
── 人とかかわる力を育てる保育者の役割[1]

　幼児が「快の感情」を実感できる応答的関係をつくることが，保育者と幼児との信頼関係の第一歩であることは第３章で述べた通りです。さらに，私たち保育者は，人々と親しみ支え合って生活する態度を養うために，仲間づくりや学級づくりということに心をくだいていくことが大切です。

　また，人間関係についての指導は，人とのやりとりや態度，感情といったものだけを取り出して行うことは困難で，遊びや生活の中で生じてくる具体的場面を学びの機会にする必要があります。したがって保育者にとっては，幼児と共にいかに遊びや生活を豊かにしていくかということが，人々と親しみ支え合って生活する態度をいかに豊かなものにしていけるかということにつながる重要な事柄となることはいうまでもありません。そこで，保育者はそのために必要な保育環境を見直しながら，仲間づくりや学級づくりにかかわる指導を構想していかなければなりません。

1　幼児との出会いから人間関係を深める

　幼児が，園で友達と一緒に遊ぶようになるきっかけは様々です。すでに顔見知りだったり，親同士が友達だったり，第３章の事例３-１「ぼくだけのオバケのおうち」のように，同じクラスになったことがきっか

けになることもあります。たまたま同じ服や靴を履いていたりすることもあるし，次の事例6-1「ブランコで揺れる」のように，もっと偶発的な出来事がきっかけになることもあります。

　ところが，このような人との出会いはきっかけとはなるものの，すべてが友達という関係にまで発展していくものではありません。そこで，保育者は幼児たちの個と個がつながっていくように心を寄せ，かかわっていくようにします。

　「つながる」という表現は，決して幼児が一人でいる時間を否定するものではありません。一人でいる大切な体験が豊かにしてくれた幼児の内面が，一層豊かになるという発達の欲求を待って，つながっていくものです。また，つながるという行為は，単に人と一緒にいる，複数の人と過ごすという表面的なことでもありません。むしろ，他者への思い，興味や理解などといった内面的なことが重要となります。事例6-1は，入園後，まだ，友達と呼べる人がいない3歳児が，他学級の担任やその学級の5歳児たちと出会い，つながり，少しずつ関係が深まっていく様子が顕著なものです。

【事例6-1　ブランコで揺れる（3歳児6月）】

　キリコがブランコに腰掛け，小さく横に揺れている。彼女の隣には，同じ3歳児組の二人の女児が，互いに競うように力を込めてブランコをこいでいる。顔を伏せ，自分の足元に目を落としているキリコのまつ毛はぬれているように見える。保育者の私（以下，私とする）は，窓越しにそんなキリコの様子を見守っていたが，テラスに出た。ブランコからは幾分離れた園舎の壁に背をもたせると，キリコに起きた出来事を想像しながら，彼女の動きに合わせて身体を軽く左右に揺らしていた。

　視界の縁に新しい人の気配に気づいたキリコは，顔を上げた。眉を寄せて睨むように私を見ていたが，こちらの様子に気づいたようで，首を左右に傾けながらより誇張して身体を揺らすようになる。

　キリコのブランコはユーラユーラとゆっくり揺れている。

　キリコは笑顔を左右に傾けながら，ブランコの揺れに身体をあずけている。

　私が彼女と同じ動きをしながら微笑み返すと，首の動きを止めたり，ときどき目を閉じては，その揺れ心地を味わっているような表情をする。彼女のブランコの揺れが大きくなった。私は隣との接触を気にして視線を周りの状況に向けた。

　すると，キリコはピョンとブランコを降りて，私のところへ駆けてきた。私の薬指と小指をギュッと握ると，「一緒に行く」と言った。キリコが来ると，後の3歳児たち二人も私たちの周りにやってきた。

（＊幼児名はすべて仮名）

▷2　見守る
「見守る」という保育の行為は，文字通り「あえて保育者が手出しせずに，見て，幼児の安全や学びを守っている」こと。事例6-1の場合は，幼児の安全やこころの安定を守り，幼児が体験しながら学んでいることを見て取り，その内容を理解している。

2　幼児一人ひとりに合わせるとは

　キリコとの出会いの場面で，保育者は彼女との間合いに集中しています。動きを合わせ，呼吸を合わせると，幼児と保育者の時間がとけあうように共有され，心地よい状態となります。すると，互いに相手の内面の世界へと関心が促され，思いを込めた表現がしだいに勇気づけられ，少しずつ自分が語られるようになってくるのです。3歳児キリコのメランコリックな心情に心を寄せる保育者の心情は，いつしかキリコが理解を寄せるところとなり，「一緒に行く」とキリコを年長児との協同の活動へと向かわせていきました。

　このように，幼児は自分なりの表現が受け止められ，共感されることによって，保育者との間にコミュニケーションが図られ，信頼関係が一層確かなものになっていきます。つまり，つながりが実感されるようになるということです。人とつながる安心感は，友達への積極的な関心やかかわりへとなって現れ，友達と影響し合ったり，認め合ったりしながらさらに広がりをもっていくものです。

　また，もう一方で重要なことは，環境を構成するという援助です。幼児たちのかかわりや遊びが成立する背景には，この事例のブランコのような，場や空間の共有，遊具や用具の共有，次のダンスパーティーの事例のような，遊びのテーマや素材の共有，動作や身振り，見立てや会話，そして言葉などの共有が継続することが必要となります。保育者は人と人の出会いのみならず，ものと場や空間と人との出会いが豊かになるように，あるいは継続できるようにと環境を構成していくことが大切になってきます。

2　幼児とつくる保育

1　影響し合い，認め合う関係づくり

　幼児が，保育者や友達から受ける影響にも様々なものがあります。友達がその幼児の生活の中でしめる位置もまた様々です。模倣の対象，言い換えれば憧れのモデルとしての友達の存在も，その一つです。遊びや生活の中での協同の活動で，認め合ったり励まし合ったりすることも幼児の成長にとって大切なことです。先の事例6-1「ブランコで揺れる」のキリコたちは，あの後，5歳児たちの遊びの中に入り，次のような体験をすることとなりました。

演習　次の事例から，保育者のどのような役割が読み取れますか。近くの人と話し合ってください。（10分）

【事例6-2　ダンスパーティー（5歳児6月）】

　3歳児キリコたちが廊下に出ると，5歳児のサキが私の姿を見つける。

　「あっ。先生」とサキとアカネは，私たちのところへ滑るような早歩きをしてきた。

　「王子，もうダンスパーティーの準備はとっくにできていますのよ」。

　アカネが私をとがめるように言うと，キリコは私の指を強く握りしめる。

　私がこの3歳児たちのことを気にかけるような視線をおろすと，サキは，「今日は一年に一度の大パーティーですの。国中の人が集まりますのよ」とキリコたちも促すように誘った。

　「それは楽しみです。私どももぜひ」と私が言うと，恭しくお辞儀をした二人の5歳児はクルッとレースのスカートをひるがえし，私たちを案内した。

　私はキリコの手を自分の手の平の上に軽く乗せ，エスコートして5歳児の保育室に入っていった。

　入るなり，いつものように，5歳児の女児たちは，順に私の手を取って踊り始める。キリコたちも5歳児たちの列に入って，王子と踊る順番を待っている。王子が着飾った年長組の姫を差し上げて回すところで，一層大きな歓声を上げる（写真6-1）。姫がお辞儀をするところでは，同じようにシャツの裾をつまんで腰を折り，微笑みを送っている。

　しだいにキリコたちの順番が近づいてきた。キリコと仲間は手をつなぎ，ぴょんぴょん跳びながら待っている。

　キリコの番がきた。彼女はペコリとお辞儀をすると，ワッと私にとびついてきた。持ち上げて回されることを期待しているようで，脚を折って上体をそらし，口元から笑いがこぼれている。私はキリコを高く差し上げる。キリコは力一杯開けた両手をグンと天井に伸ばし，クルクル回っている（写真6-2）。

　「すごい。すごい。キリコちゃんすてき」5歳児たちが声援を送っている。

写真6-1　お姫さまのキメポーズ

　この日以降，廊下やテラスをゆっくり歩いている私の姿を見つけると，キリコは5歳児の保育室を，よく友達と一緒にたずねてくるようになった。5歳児たちに教えられ，各々好きなドレスをつけて，ダンスの輪に入っている姿が見受けられた。（＊写真は掲載許可済）

写真6-2　グンと手を伸ばして

2　豊かな感情体験が育てる人間を理解する力

　事例 6 - 2 の 5 歳児たちの言葉や行動から，豊かな感情体験が豊かな人間関係調整力を培っていることが推察できます。たとえば，保育者が 3 歳児たちのことを気にかけるような視線をおろすと，サキが「今日は一年に一度の大パーティーですの。国中の人が集まりますのよ」と，キリコたちも促すように誘ったことなどです。

　この 5 歳児は単に「ダンスをしてくれそうな保育者が来た」と自分たちの欲求をかなえてくれる刺激に対して反応するのではなく，「小さな 3 歳児と連れ立っている意味は？」と，対象について考えるという高度な人間的行動をとっていることがわかります。保育者の視線の意図を読み，自分たちのごっこ遊びに引き込みつつも，3 歳児の気持ちの安定も損なわない言葉を選んでいます。そして，「今日は一年に一度の大パーティーですの。国中の人が集まりますのよ」と，3 歳児たちも参加する権利があるというごっこ遊びの設定の修正を見事に行っています。

　このような，いわゆる「空気を読む」というような場の状況から読み解く，微妙な担任の様子の変化や 3 歳児の表情の理解などは，かつて，自分たちもキリコたちのように保育者に援助されながら，様々な感情体験をしてきた経験から養われてきています。前項の「影響し合い，認め合う関係づくり」で述べたように，保育者の人と向き合う姿勢や対応が，幼児たちのモデルとなることを忘れてはいけません。

　ところで，幼児の人間を理解する力は，相手の気持ちや立場を理解することから，「人間」という存在について問うたり考えたり理解しようとしたりするなど，哲学[13]的な理解にまで発展していくという一例を紹介したいと思います。

3　幼児なりの哲学が生まれる

▷ 3　幼児にとっての哲学
「この世界はどのようにできているの？」「私たち人間は何のために生きるの？」「友達って？」等々，幼児なりに大切なことの仕組みや法則などを知ろうと追い求める姿に哲学の片鱗がみられる。明確な答えがない問題や答えが見つかりにくい問題を保育者が幼児と一緒に考えることが，哲学的な物の見方や考え方を促していく。

【事例 6 - 3　みんなちがうほうがいい（5 歳児 6 月）】

　——天の川プラネタリウムショーでの一幕（写真 6 - 3 ）——
　「なに言おう。もう，あせるぅ」ユキは落ち着かない。
　「めいおうせい」「かせい」「もくせい」など，描いた星に名前のプレートをつけるなどして，遊びの中で，「宮本学芸員」「宮本知識担当顧問」などと呼ばれているリツは，舞台裏でユキに静かに諭している。
　「ユキちゃん，プラネタはね，見にきた子どもたちに，星の名前や星のことをおしえてあげるところなのよ……」
　「そんなの，知ってるよ。でもユキはあんまり知らないのよ。ごめんだけど，命令しないで。もう，あせるじゃない」自分の登場の順番が近づいてき

たユキは，ほおを膨らませて，プ
イと横を向いた。ユキの前で次の
登場のため待機しているフウコは
「ちっ」と舌打ちして二人のやりと
りを制止した。

　この様子を見ていたマヨが，ユ
キに小声で話しかける。「あのね，
みんなちがうほうが，いいのよ。

写真6-3　流れ星がありますね

いろいろなことが聞けるほうがいいのよ」。

　フウコの説明が終わった。ユキは星を押さえて説明する棒をおろしたまま
語る。

　「流れ星がありますね。いっぱいの星があります。いろいろの星がありま
すね。みんなきれいです」。観客から拍手を受けると，ぺこりとお辞儀して
舞台裏に退いた。

　ユキは，「きんちょうしたぁ」とフウコに抱きつき，二人で，「ふふふ」と
笑っている。

　「あせる」というユキに，それぞれの幼児が自分らしくかかわる様子
がおもしろいですね。ものごとを整理し説明して自分や自分の周りの世
界を理解しようとするリツ，ユキの情緒的な安心を重視して「みんなち
がうほうが，いいのよ」と語るマヨの言葉には，それぞれの存在のスタ
イルが受け入れられることが人の安心感を促すことや，人はそれぞれち
がっているほうがおもしろいというような哲学めいたものも感じられま
す。「ちっ」と舌打ちするフウコも，静かに出番を待つ期待と緊張の舞
台裏のシチュエーションやユキの性格にふさわしい制止の仕方を考えて
の行為であったのでしょう。これが，友達に合った適切な表現方法で
あったかどうかは，フウコに抱きつき，二人で笑っている様子から容易
に評価できます。やりとりの中に，人間というものを理解し自分たちの
人間関係を調整しようとする力が見て取れます。それでは，これらの事
例の5歳児たちのような，人間を理解し人間関係を調整する力（第3章
参照）は，どのような学級経営のもとで養われていくのでしょうか。

3　保育の楽しさ

1　仲間づくりと学級づくり

　保育者など大人の参加（介入）なしに展開される親しい友達，つまり
仲間との遊びは3歳前後から盛んになってきます。しかし，幼児期の仲
間意識は，たとえば，すぐ側に誰かがいても存在さえ意識しないような

ところから始まることも多いものです。事例6-1の孤独そうな態度でブランコに揺られるキリコにとって，自分と同じようにブランコに乗っていた同じ組の幼児がそれにあたります。また，第3章の事例3-1「ぼくだけのオバケのおうち」のダイキは，バクにとって，仲間というよりは，むしろ自分のしたいことを邪魔する他者として存在していましたよね。

　幼児が，一人で自分の感情に浸ったり，孤独を感じたり，うまくかかわれないもどかしさを感じたり，葛藤したりすることは，幼児期に大切な経験です。保育者は，幼児が自分の内面をみつめる経験の大切さを理解しながらも，やがて，周りにいる人が一緒に遊べる相手として意識できるような援助の手だてを講じていく必要があります。

　このような援助が繰り返されるうちに，幼児たちは互いを仲間として認識していくようになるのです。つまり，仲間と出会うようになるわけです。やがて，幼児たちは，自分一人の力ではできないことも実現可能となる集団の活動へと，人間関係や活動のステージを上げていくことになります。幼児たちは集団での活動を通して，さらに仲間意識を高めていくことができます。このような過程の中で，幼児の自我はより強くしなやかなものとして確立していくのです。

　事例6-2「ダンスパーティー」や事例6-3「みんなちがうほうがいい」の中でみられた遊びの役割やルール，よりリアリティーや臨場感を出すために選ばれた言葉や立ち振る舞いなどの緻密な手だてが，まさにそれでありますが，幼児たちは仲間とのいろいろないざこざやトラブルなどを経験しながら，きまりやルールを守り，それに沿いながら仲間を認識することが楽しく，うれしいという過程を経ていきます。そして，「ぼくたち○○チーム」「わたしは△組」など，その集団や学級などへの所属意識を高め，仲間たちと自分との関係から安定した人間関係を生み出していくようになるのです。保育者はこのような仲間づくり，**学級づ**
くりのダイナミックなつながりを構想しながら，萎縮してしまいがちな幼児や，逆に過剰に適応しようとして自分らしさを表現できずにいる幼児，あるいは，仲間をそのようにさせがちな幼児に対する指導にも配慮しなくてはなりません。

2　よさやちがいを生かす

　幼児の個性をとらえるのは，幼児とのかかわりを通して共感的に理解するほかありません。幼児は一人ひとりちがった個性をもっています。個性とは，「他の人と区別される，その個人の独自性を特徴づける全体

▷4　学級づくり
幼児たちが毎日園に通いたいと思う重要な要因となる，幼児一人ひとりの個性を生かす学級の目標やルールがつくられていくことが大切である。保育者の願いや思いも重要なものの一つであるが，「幼児と共に」という姿勢が望ましい。ちなみに，筆者の場合多かったのが，学級目標・キャッチフレーズは「失敗は成功のもと，元気・やる気・根気」や「ポジティブルールでいこう」など。

的な特徴」^{◁5}とされていますが，いうならば，その子らしさを表すもので
しょう。また，個性は比較できるものでもなく，数量化できるものでも
ありません。

　ところで，保育者はこのような一人ひとりの個性を理解し，それを生
かしながら幼児の仲間づくりを援助し，学級づくりに取り組んでいきま
す。担任にとっては，これが学級経営のおもしろさであり，難しさでも
あります。次の事例6-4は，手先の巧緻性や構成力は，まだまだ開発
中ですが，発想力や人材活用能力に優れたセイガと仲間たちが協同で製
作する様子です。

　保育の日々の営みは，日常の偶発的な出来事から始まり，幼児とのシ
ナリオのないやりとりが進められます。保育者は眼前の幼児と向き合い
ながら，瞬間瞬間に幼児の行為の意味を読み取り，考え，応答していき
ます。しかしながらここで注意してほしいのは，その応答は決して出た
とこ勝負の利那的なものではなく，指導計画^{◁6}をはじめとする様々な教育
計画を保育の指標として脳裏に描きつつ応答しているというところです。
つまり，幼児の主体性と保育者の意図性を重ねながら，自然な生活の流
れが生み出され，一人ひとりに必要な体験がなされるようにするという
ことなのです。これが保育の醍醐味でもあります。

【事例6-4　プロペラの飛行機（5歳児9月）】

　登園してくるなりセイガは，「先生，昨日の『鳥人間コンテスト』のテレ
ビ見た？」と，興奮した様子で私に話しかけてきた。「ぼくも見たよ。すご
い人力飛行機が出てきてたよな」と私が言うと，セイガは，「オッケイ。ぼ
くも，今日，それつくるから」と，そそくさと持ち物の整理をすませて，材
料倉庫に駆けていった。

　「先生，なんか，ないかなあ。軽くて，ばきっと割れなくて，ちょうどよ
いやつ」セイガは保育室に帰ってきて，私にそう尋ねる。「うーん。君がつ
くりたいのはどんな飛行機なの？」と私が聞くと，「そりゃ。ぼくが乗れる
やつだけど……」とセイガは少し思案している表情になる。

　すると，そばにいたアツシが，「乗れるやつは無理だから，小さい模型っ
てことだろう」と言葉をつなぐ。「オッケイ。そういうことよ。アッちゃん
もチームに入るか，ぼくらの？」と，セイガはアツシや私を見回して言った。
私たちは一瞬でチームスタッフにされてしまった。「先生は，さっき言った
材料の準備を頼む。ぼくとアッちゃんは設計図を描くぞ」「おう」アツシは
裏の白い広告紙を，私は使えそうな材料を集めに走った。

　その後，接着剤を乾かしながら設計図に沿って作業工程は進んでいった
（写真6-4）。関心をもって製作に参加してくる仲間が増えた。自分たちの
飛行機ができつつあることが誇らしく，小さい組の幼児たちを誘い，見学ツ
アーを企画したりして，テレビなどから仕入れた飛行機づくりの蘊蓄を披露

▷5　岡田ほか，1997

▷6　**指導計画**
一人ひとりの幼児が必要な
体験をすることができるよ
うに，教育課程を具現化し
て作成するものである。長
期・短期の指導計画にはそ
れぞれの特徴があるため，
各園ではいくつかの期間の
指導計画を組み合わせなが
ら教育活動を行っている。
筆者の場合は，指導計画が
「幼児にやらせるスケ
ジュール」になってしまわ
ないように，「きっと，こ
んなふうに興味を示すだろ
うな」とか「こんな楽しみ
方や深め方をするだろう
な」という仮説のような
ニュアンスを込めて作成し，
幼児の主体性を促すよう心
がけている。

写真6-4　骨組みの次は…

写真6-5　風を計算するんだ！

写真6-6　飛んだ！やったー！

したりもした。

　3日かけて本体が仕上がると，セイガとユウキは，「やっぱりプロペラはいるだろう。先生しかおらん。この仕事ができる人は」と私の手を握って重々しく言った。「土日に探してくるけれど，もし，なかったときのことも考えておいてくれたまえ」と私も重々しく言って，二人の手を握り返した。

　翌週月曜日の朝一番，私の用意したプロペラとゴムを見つけたアツシは興奮気味に言う。「これで，いける」。

　次々と登園してくる幼児たちはアツシにプロペラを見せられ，私の手を握りにきた。「先生に一番に見せてあげる」。

　やがて，プロペラつきの飛行機が完成した（写真6-5）。飛ばしてみると前のめりに墜落した。「羽（主翼）がちゃんとしてないんだ。もっと前だろう」とか「風を計算するんだ」とか「もっと高いところから飛ばすんだ」など，かわるがわる飛ばしながら機体を微調整したり，飛ばし方や場所を工夫していった（写真6-6）。

▷ 7　鳴門教育大学附属幼稚園，2014

生活プラン（5歳児9月の指導計画より抜粋）◁7

指導のねらい
○友達と思いや考えを出し合い，イメージを共有し，試行錯誤しながら共に生活する喜びを味わう。
○戸外で十分に身体を動かして遊ぶ。

指導の要点と環境構成の留意点（一部抜粋）
○友達と思いや考えを出し合って，試行錯誤しながら遊びを進めていく姿を励ましていく。
・友達の考えや協力があると，遊びがより楽しくなっていくという気付きに共感しながら，相手に自分の思いや考えを表現しようとする意欲を励ましていく。
・幼児が気付いたりつくったりしたルールや役割については実際に遊びの中

で試す過程に付き合いながら，その必要感を一緒に確認していく。ルールや役割をめぐってのトラブルや口論の場面では，それぞれの意図と起こった結果がみえやすくなるように，周囲の友達と一緒に十分に話を聞くようにすると共に，それぞれの意図にその人らしさを見付けていく。
- 必要な用具や遊具材料などを幼児と一緒に準備したり確認したりしながら，幼児が分かりやすく準備や片付けがしやすい環境に整理していく。

　園の生活は，昨日から今日，今日から明日へと，遊び[8]や生活が連続して展開していきます。ところが，事例6-4のセイガのように，社会の出来事や家庭での出来事・体験などが，幼児によって突然，幼稚園へともたらされることも多いものです。彼は休日に見た「鳥人間コンテスト」のテレビ番組の印象が強く，「自分も飛行機をつくってみたい」という強い願望と，それを可能にできるかもしれない情報を園に持ち込んできたのです。この一種，偶発的なセイガの行為は，周りの幼児の興味をかきたてていきました。園での連続する遊びに，このような偶発的な事柄が飛び込んでくることは，生活を刷新したりアクセントになったりするだけではなく，これまでに構築してきた知識や技能，人間関係の調整力などの力が連携し合いながら，総合的に働くというところでも興味深いものです。

　保育者の基本的な構えとしては，テレビの人力飛行機を見て抱いたセイガの驚きや憧れ，飛行機の仕組みや製作方法などへの探究心をできるだけ支援していこうというものですが，これに5歳児9月の指導計画の「指導のねらい」の観点も加味していくようにしました。そして，このねらいを達成するために，「指導の要点と環境構成の留意点」としてシミュレーションしていることが上記に示す内容になります。

　この事例6-4の場合も，ただアイディアを現実に製作するだけでなく，風などの戸外の自然的要因との絡みや試行錯誤の場面での役割やルールの必要感，表現の意図と結果についての評価など，指導計画で見通しておいた発達の課題とあわせての援助を行っています。

3　創造的な思考を支える関係性

　事例6-4は，セイガが持ち込んできた「飛ばせる飛行機」というテーマと，飛行機製作のためのノウハウを自分たちで試してみるという試みへの好奇心の種子が，これまでに培ってきた彼らの人間関係調整力の土壌に芽を出したものであると考えられます。自分だけの力では目的が達成されないことを知っているセイガは，まさに適材適所という感じで，保育者や仲間を動かしています。このようなセイガの持ち味をより

▷8　遊び
「自発的な活動としての遊びにおいて，幼児は心身全体を働かせ，様々な体験を通して心身の調和のとれた全体的な発達の基礎を築いていくのである。その意味で，自発的な活動としての遊びは，幼児期特有の学習なのである」（文部科学省，2018，p.35）。

引き出せるように，保育者はセイガを支える仲間の一人としての役割に徹しながら，その他の幼児たちのよさや，持ち味や特技を表現できるようにしています。その結果，セイガ一人の力ではとうていつくり上げられなかったようなプロペラ飛行機が，完成しました。これらの過程で，仲間たちも相互に他者の持ち味や特技，知識などに触れ，自分の中に取り入れたり，認められて自信をもったりしていきました。この共につくり上げた満足感や達成感は，次の活動場面での「一緒にやってみよう」「力を出し合おう」という動機付けとなっていくことでしょう。このように，幼児たちの中に積み上げられてきた関係性は，創造的な思考を支え，その思考を現実のものとしていく力をもっているのです。

　幼児期の学びの特徴は，組みつほぐれつしながら，まさに団子になって仲間と共に学び取っていくところにあります。それぞれのよさやちがいを発揮しながら発想したり，試行錯誤したり，取り組んだりする中では，仲間の知恵や技をも共有することになり，個々が単独に考えたり働きかけたりする以上のものが創造されるのは，事例でみた通りです。また，集団の中で共有されたものは，そうでないものとは比較にならないほど豊かに個々に吸収されていきます。これは，いろいろと共通点も多く共感できる，自分と同年代のモデルから学び取るという特徴上，当然のことでもあるかもしれません。

4　幼児の体験の多様性とその関連性

　これまで述べてきたように，多様な体験は幼児に様々な感情体験の機会を与えてくれます。これが，強い動機付けとなってさらに興味や関心をわかせ，遊びや活動の新たな局面に向かっていきます。つまり，心動かされる体験は幼児自身の中に定着し，その後の体験につながっていくわけです。この事実は，先に紹介したダンスパーティーの事例6-2やプラネタリウム遊びの事例6-3，あるいはプロペラ飛行機の事例6-4でも容易に確認することができます。個人の中においても，集団の共有された体験においても，体験の一つひとつは決して独立したものではなく，関連性をもって深まっていくものです。

　体験をつなげていくのは幼児自身であることはいうまでもありませんが，それは，保育者が理解し共感しようと努めなくては，幼児の中に意識されたり定着されにくいものです。したがって，第3章の事例3-1「ぼくだけのオバケのおうち」の中で，保育者は相手の幼児の気持ちを言語化して代弁したり，バクの態度の変容に共感的な応答をして意識化を図ったりしたわけです。

　また，幼児一人ひとりはちがった個性をもっていると述べたことと同様に，同じような活動の中でも同じ体験をしたとは限りません。たとえば，事例6-3「みんなちがうほうがいい」では，同じプラネタリウム遊びをしていても，それについて熟知しているリツと，ドキドキしながら表現しているユキの思考や感情の体験は異なっています。体験は個々の幼児自身の意識の中でつくられるので，一人ひとりの体験の中身を理解しなければ，次につなげていくことはできないのです。

　保育者は，具体的なある体験から，どのような興味や関心がわいたかを理解し，それへの探究心が促されるような環境の構成や援助を行っていく必要があります。また，この場合，指導計画をはじめとする諸々の教育計画をもとに環境の構成を想定し，実際の幼児の動きに合わせた環境の再構成を心がけなくてはいけません。さらに，**教育課程**にあるように，幼児の入園から修了までの園生活を，ある時期の体験が後のどのような体験とつながっていくかを見通したり，実際の幼児の体験を振り返ったり発達の状況をとらえ直したりしながら，何がどのようにつながってきたかを見取ることも必要です。このような時間的隔たりを考慮しながら，幼児の体験の関連性をとらえることは，幼児の人間関係における学びをより豊かに理解することにつながっていくでしょう。

▷9　**教育課程**
入園してから修了するまでに子どもが身に付ける経験の総体を示し，その道筋を定めたもの。小学校以上の教育では，学校の教育目標や教育内容の組織，「国語○時間，算数△時間」のように授業時数の配当を基本要素として編集される。幼児期の教育では，園の教育目標やめざす子ども像などは小学校と同様であるが，幼児の姿で発達の道筋が表わされていることが多い。

演習課題

① 「事例6-2　ダンスパーティー」の3歳児キリコは，どんなときに，保育者のどんな援助を求めていましたか。事例の流れに沿って述べてください。

② 「事例6-4　プロペラの飛行機」の5歳児セイガに対して，保育者はどのような援助を行っていましたか。事例の流れに沿って述べてください。

引用・参考文献
岡田正章ほか編（1997）『現代保育用語辞典』フレーベル館
厚生労働省編（2018）『保育所保育指針解説』フレーベル館
鳴門教育大学附属幼稚園（2014）「生活プラン」
文部科学省（2018）『幼稚園教育要領解説』フレーベル館

第 7 章　家族や地域とのかかわりと育ち

学びのポイント

●人とかかわる力を育むためには，家族や地域とのかかわりが重要であることを知り，保育の中での具体的な手立てについて理解を深めましょう。
●家族とのつながりの重要性について理解を深めましょう。
●様々な人とのかかわりや地域とのかかわりの中での子どもの体験や育ちについて知り，理解を深めましょう。

　子どもが健やかに成長するためには，園の教育・保育に加え家族や地域の様々な人々とのかかわりがとても大切になります。つまり，家族を支えることも地域の人々との関係を深めることも，子どもの健やかな成長を支える保育の営みの一つなのです。人とのかかわりについて様々な視点からとらえて考えることが，人との豊かな関係を育むことにつながります。

1　家族を支え，支えられる

1　周囲の人々に温かく見守られているという安定感

　これまで学んできたように，乳幼児期の子どもにとって，幼稚園や保育所，認定こども園という幼児教育施設における保育者との関係はとても重要です。子どもは，保育者との信頼関係に基づいた安心感に支えられて，周囲の人たちへの興味や関心も高まり，かかわりをもとうとしていきます。

　その一方で，子どもの人間関係は幼児教育施設だけで完結するものではありません。親，きょうだい，祖父母などの家族と過ごす時間は保育者よりも長く，**愛着**（アタッチメント）[1]の形成という観点からも，子どもの心の発達にとってきわめて重要なものとなります。近年では，愛着を子どもと母親との二者関係だけでみるのではなく，父親やきょうだい，祖父母，保育者を含めた関係の**システム**[2]の中でとらえるという考え方が広がってきています（加藤，2019）。たとえ保育者が子どもと適切にかかわることができたとしても，家族が子どもを不安にさせるようなかかわりをしてしまえば，子どもは安心して外の世界へと向かうことができま

▷1　愛着（アタッチメント）
子どもが特定の人との間に情緒的絆を形成すること。そのような特定の人を「愛着の対象」という。

▷2　システム
相互に影響し合う多数の要素から構成され，全体として機能するまとまりや仕組み。

せん。家族，保育者，さらには地域住民など，周囲の人々に温かく見守られているという安定感の中で，子どもは初めて人間関係を健やかに発展させていくことができるのです。

保育者には，幼児教育施設での子どもとのかかわりだけではなく，家族や地域など，子どもを取り巻く関係のシステムへの働きかけが期待されています。

2　家族を取り巻く現状

日本の産業の中心が，農業から重化学工業，さらにはサービス業へと転換していく中で，家族の小規模化が進んでいきました。現在では，アニメ番組「サザエさん」の磯野家のような，祖父母や親類と同居する家族はめずらしくなってきています。少子化の進行にともなって，きょうだいの人数も減少してきました。

家族は子どもにとって初めて出会う小さな社会であり，日々の生活の中で，人とのかかわりを経験する大切な役割を担っています。しかし，家族における子どもの人間関係は，親ときょうだいに限定されるケースが多くなりました。きょうだいがいなければ，親との関係のみとなります。子どもは，以前のような多様な人間関係を家族の中で経験することが難しくなっています。

また，男性が賃金労働者として外で働き，女性は専業主婦として家事・育児を担うという役割分担も変化してきています。現在では，全体の7割余りが**共働き世帯**となっています（図7-1）。

このような変化の結果，家族における親の育児の負担感が以前よりも大きくなっています。共働きによって育児にかけられる時間が減少していることに加え，自分の親（子どもの祖父母）や親類からサポートを受けることも難しくなっています。もちろん，保育所を含む様々な子育て支援サービスの広がりによって，家族の育児を支援する社会の機能も発展してきました。しかし，周囲からのサポートが十分には受けられない状況の中で，子育ての不安や子育てによるストレスなどを抱え，親が子どもとの関係を適切に築くことができなくなってしまうケースも少なくないのです。

3　家族を支える

それでは，保育者は具体的にどうやって家族を支えていくことができるのでしょうか。事例を通して考えてみましょう。

▷3　共働き世帯
夫婦そろって被雇用者として就労している世帯。

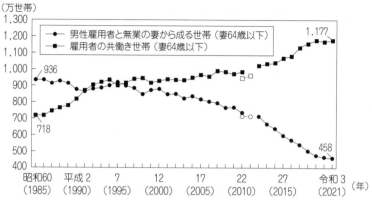

図7-1 共働き世帯数と専業主婦世帯数の推移

備考： 1．1985年から2001年までは総務庁「労働力調査特別調査」（各年2月），2002年
以降は総務省「労働力調査（詳細集計）」より作成。「労働力調査特別調査」と
「労働力調査（詳細集計）」とでは，調査方法，調査月等が相違することから，
時系列比較には注意を要する。
　　　 2．「男性雇用者と無業の妻から成る世帯」とは，2017年までは，夫が非農林業
雇用者で，妻が非就業者（非労働力人口及び完全失業者）かつ妻が64歳以下世
帯。2018年以降は，就業状態の分類区分の変更に伴い，夫が非農林業雇用者で，
妻が非就業者（非労働力人口及び失業者）かつ妻が64歳以下の世帯。
　　　 3．「雇用者の共働き世帯」とは，夫婦ともに非農林業雇用者（非正規の職員・
従業員を含む）かつ妻が64歳以下の世帯。
　　　 4．2010年及び2011年の値（白抜き表示）は，岩手県，宮城県及び福島県を除く
全国の結果。
出所：内閣府，2022

【事例7-1　そのイライラの背景には（4歳児5月）】

　A児（4歳，女児）の母親は，登園や降園の際にいつもイライラしている
様子がみられます。担任の保育士が「おはようございます」と挨拶をしても
返事はなく，「早くしなさい！」「ほら，グズグズしないで！」などと強い口
調でA児に声をかけ，すぐに保育所を離れようとします。A児はクラスでの
生活には慣れてきましたが，友達と一緒にやりとりをしながら遊ぶことは少
なく，元気がなかったり，不機嫌な様子がみられる日もあります。

　ある日の降園の際，母親の疲れた表情が気になった担任の保育士は，「少
しだけお話，よろしいですか」と声をかけ，母親を応接室へ誘いました。保
育士が「最近少し，お疲れなのかな，と思って」と話を向けると，母親は，
仕事が忙しくて余裕がなくなっていること，夫が家事や育児に協力してくれ
ないこと，初めての子どもであるA児の子育てに自信がもてないことなど，
これまで抱えていた思いを保育士に語りました。さらに話を聴いていくと，
近所に親類や友人がおらず，相談できる相手がいないこと，隣の市に住む自
分の母親の体調が悪く，看病をする必要があることなどもわかってきました。

　保育士は「これまで一人でがんばってこられたのですね」「それは本当に
おつらかったですよね」と声をかけ，母親の気持ちに寄り添おうとしました。
そして，これから母親と一緒に考えていくことを伝えたうえで，子育てに関
する具体的な相談，父親にも同席してもらっての面談，ファミリー・サポー
ト・センター▷4といった支援機関の紹介など，いくつかの提案を行いました。

▷4　ファミリー・サ
ポート・センター
市区町村が実施する「地域
子ども・子育て支援事業」
の一つ。育児の援助を受け
たい会員と，援助を行いた
い会員との連絡・調整等を
行う。

　半年後，依然として仕事は忙しい状態が続いていますが，保育士と面談を重ねる中で，母親の表情は少しずつ和らいできました。まだ十分とはいえませんが，父親も協力をしてくれるようになり，A児と3人で過ごす時間も増えたそうです。ファミリー・サポート・センターの提供会員との出会いも，母親にとって重要なものとなりました。「最近ね，ママがちょっと優しいの」と言って，A児は今日も笑顔で元気よく，友達と一緒に遊んでいます。

　A児に強い口調で声をかける母親に対して，「そういった声かけはよくないですよ」「もっと優しくA児に接してください」などと注意するといった対応も考えられるでしょう。確かに，ここで母親に伝えている内容は間違ってはいません。しかし，果たしてこの対応で，母親のA児に対する態度は変わっていくでしょうか。

　この事例のような母親の言動には，様々な背景や環境的な要因があると考えられます。A児の元気のなさについても，単純に母親の言動だけが原因とはいえないでしょう。それらを考慮することなく，母親の言動にのみ焦点を当てて注意をしても，おそらく状況はよくなりません。母親は保育者の前ではこういった態度をみせないようになるかもしれませんが，それが家庭でのより不適切な養育へとつながる可能性も考えられます。

　保育者が家族を支えるための第一歩は，指示，指導ではなく，家族の言葉に耳を傾け，**共感的理解**を示すことです。保育者は，家族の気持ちに寄り添いながら，子どもと家族の関係や，家族の子育ての力を高めていくことを目指します（永野・岸本，2016）。事例では，保育者は母親の語りを否定することなく受け止め，ねぎらいの言葉を伝えることから始めていました。そして，子育てに関する直接的な相談だけではなく，父親も交えての面談の提案や外部の支援機関の紹介など，家族を取り巻くシステムに対する働きかけを行っています。その結果，家族のシステムの中に好循環が生まれ，母親のA児に対する態度にも変化が生じてきました。このように，保育者は家族を支えることによって，子どもの成長を間接的に支援することができるのです。

▷5　共感的理解
相手の心の世界を，それが自分自身のことであるかのように感じること。相手の置かれた立場や価値観を想像して，相手の気持ちに寄り添いながら理解しようとする。

2　様々な人とのかかわり

1　様々な人とのかかわりの中で育まれること

　子どもたちは，園の中で保育者との信頼関係を築き，それを基盤として友達との人間関係を構築していきます。そして安定した園生活を過ごせるようになると，行動範囲も広がり，学級の子ども，他の学級の子ど

も，他の学年の子ども，園内の教職員，保護者の人たちというように，園内の様々な人たちとのかかわりがみられるようになっていきます。その中で，かかわった人への関心が高まり，理解が深まっていきます。さらに，5歳児になると，興味や関心は，園外にも広がり，かかわりは園の周囲の地域の人々へと広がっていきます。

　地域には，そこで働く人たち，小学生，高齢者，他国の人など，普段，園の中では接することができない様々な人たちがいます。また，園内だけではかかわれない様々な障害のある人たちもいます。

　幼稚園教育要領第2章「人間関係」2内容に「⒀高齢者をはじめ地域の人々などの自分の生活に関係の深いいろいろな人に親しみをもつ」と示されています。

　なぜ，高齢者をはじめ地域の人々，すなわち様々な人々とのかかわりが大切なのでしょうか。それは，現在，家庭においても地域においても人間関係が希薄化し，子どもたちの人とかかわる力が弱まっているからです。以前，子どもたちは地域の異年齢の集団の中で遊んでいました。「〇〇くんのおばあちゃん」「△△さんちのおじいさん」など，生活の中で日常的に高齢者とふれあえる機会がありました。個人商店で買い物をすることが多く，買い物をするときに会話を交わすなどお互いに顔の見える関係ができていました。しかし，現在は，子どもだけで遊ぶことの安全性が保たれなかったり，保護者の就労によって長時間保育や学童保育などで地域で放課後に遊ぶことができなかったりなど，地域の子ども集団の形成が難しくなっています。また，スーパーマーケットが増え，買い物は，その場限りの関係で終わってしまうことがほとんどです。

　本来，人間は周囲の人たちとかかわり合い，支え合って生きているものです。園外の年齢や立場の違う多様な人々とふれあうことによって，子どもたちは，様々な考え方にふれたり，様々な相手に対してどのように話をすれば相手がわかりやすいのか，どのようなことをすれば相手の迷惑にならないのか，どのようにすれば喜んでくれるのかなど，ふさわしい行動を考えたりします。特に障害をもつ人とのかかわりは，障害への理解につながっていきますし，高齢者とのかかわりは，これからの高齢化社会を生きていく子どもたちにとっては，高齢者理解につながる大切なかかわりだといえるでしょう。

　また，これらの人々から何かをしてもらったり，してあげたり，これらの人々を自分の成長モデルとしてとらえたりすることもあります。かかわりの中で，相手の役に立つことができたときの喜びは，ボランティアの精神につながっていきます。

　今，世界的に多様性（ダイバーシティ）を認めていくことが叫ばれています。自分とは違う個性のある人を受け入れることができる基盤としても，様々な人とのかかわりは大事になってきます。

2　高齢者とのかかわり

　高齢者とのかかわりの経験には個人差があります。家に高齢者がいる子どもや日常的にふれあっている子どもは，それほど抵抗なくかかわることができますが，あまりふれあう経験がない子どもは戸惑ったりします。子どもの背景も考えながら，ふれあいの場をつくっていくことが大切です。

【事例7-2　なんで泣いてたんだろう？（4・5歳児6月）】

　B保育所では，春と秋の年に2回，4・5歳児が高齢者施設を訪問に行きます。そこで子どもたちが得意なダンスや手遊びをみせます。そして最後に高齢者の方に喜んでもらおうと，みんなでつくったペンダントを一人ひとりにかけてあげます。そのときに自分の名前と年齢をお互いに教え合うことになっていました。

　高齢者の前では多少緊張していた子どもたち。帰りのバスの中でそれぞれ感想を口にしていました。

Cくん「おじいちゃんなのに18歳だって言っていた。変だよね」

保育者「きっと自分の歳忘れちゃったんね」

Dちゃん「ペンダント，喜んでくれた。何にもお返しできなくてごめんねって言ってた」

保育者「うれしかったんだね，つくってよかったね」

Eちゃん「おばあちゃん，泣いてたよ。なんで泣いてたんだろう？」

保育者「うれしいときも泣いちゃうんだよ」

Eちゃん「そうなのー？」

　高齢者とのかかわりの中で，自分たちがしたことを喜んでくれた，人の役に立てたという経験は，子どもたちの自信になっていくことでしょう。何より子どもの存在自体を温かく受け入れてくれる高齢者とふれあうことで，子どもたちは高齢者を理解しようとし，思いやりをもったかかわり方を考えるようになります。

　この園では，このような施設訪問のほかに，敬老の日には，在園生の祖父母や園の近所の高齢者を招くといった取り組みをしています。このときには，子どもたちと，簡単なじゃんけんゲームをしたり，折り紙やコマ回し，お手玉などの昔遊びを一緒にしたりします。昔遊びでは，子どもたちが教えてもらうことも多くあります。どちらかだけがやってあげるという関係ではなく，子どもたちにも高齢者にもどちらもメリット

がある双方向的なかかわりがもてることが大切です。

3　地域で働く人とのかかわり

　5歳児後半になると，子どもたちの社会への関心も強くなります。たとえば，年賀状をもらったことで，お手紙ごっこに発展し，そこから郵便局に興味や関心が広がって，「郵便局を訪ねてみよう」などの活動に発展することがあります。また，「ジャガイモがたくさんとれたから，

**写真7-1　カレーパーティーの
お買い物**

出所：筆者撮影

カレーパーティーをしよう」そんなときにも，材料をすべて保育者がそろえてしまうのではなく，子どもたちと買い物に出かけていくところから始めるとよいのではないでしょうか（写真7-1）。5歳児には本物に近づきたい欲求があります。このような機会を逃さず，地域に出ていくことが大切です。

　また，防火避難訓練を兼ねて，消防署を訪ねたり園に来てもらったりするのも，地域で働く人々とかかわるよい機会となります。消防士の仕事を教えてもらったり，消防車の機能やレスキュー活動を見せてもらったりすることで，子どもたちの憧れや▷6 **キャリア教育**にもつながっていきます。

4　特別支援学校の子どもたちとのかかわり

　障害をもつ子どもが園にいて，かかわる機会があるという子どもたちにとっては，日常的なかかわりの中で障害に対する理解を深めていくことが大切です。しかし，そうではない場合は，障害をもつ人とのかかわりをもてるように考えていく必要があります。

【事例7-3　「にじいろハウス」をつくってくれたよ（3〜5歳児10月）】

　F特別支援学校中等部の先生から，「『様々な人に役に立つことをしよう』という単元があるのだが，何かこんなものがあるといいなというものはありますか？」と連絡をいただきました。園庭に「リトルハウス」と呼ぶままごとハウスがありますが，古く朽ちてきています。そこで，ままごとハウスをつくってもらえないかというお願いをすることにしました。

　園庭の隅で，1週間にわたり作業をしてくれる中等部の生徒。子どもたちは「何してるの？」と興味津々です。新しいままごとハウスをつくってくれると知って，心待ちにする子どもたちも増えてきました。

▷6　**キャリア教育**
キャリアとは，職業生活や仕事の経験。キャリア教育とは，「一人一人の社会的・職業自立に向け，必要な基礎となる能力や態度を育てることを通して，キャリア発達を促す教育」であると，文部科学省中央教育審議会では，「今後の学校におけるキャリア教育・職業教育の在り方について（答申）」（2011）において定義されている（中坪史典・山下文一・松井剛太・伊藤嘉余子・立花直樹編『保育・幼児教育・こども家庭福祉辞典』ミネルヴァ書房，2021年，p.56）。

完成後，つくってくれた中等部の生徒十数名と園児140人で，お披露目会を催しました。新しいままごとハウスができるまでの過程の写真が掲示され，代表の生徒から「一生懸命につくりました。楽しく遊んでください」との挨拶があり，子どもたちはみんなでお礼を言いました。特別支援学校の生徒たちはとても誇らしげでした。年長の子どもたちで「にじいろハウス」と命名し，その日の午後はかわるがわる園児たちがにじいろハウスに出入りする様子がみられました。

　交流は，双方にメリットがあることが望まれます。特別支援学校の生徒は園児のために何かをすること，そして相手が喜んでくれることを体験し，自信がつき，学びもありました。園児も，障害がある人たちにふれることができ，その人たちも自分たちのために何かをしてくれたということに気づき，ひいては自分たちも何かをしてあげたいという気持ちに結び付いていくことでしょう。

5　地域とつながり豊かな保育を

　地域には様々な人たちがいます。地域に根づく園として，園を理解してもらう，そして子どもたちが多様な人とかかわることができるようになることが，保育者には求められます。

　ある園では地域の人のボランティアを募集し，「地域応援隊」と名づけ，保育の中で様々な援助をしてもらっています。卒業生の保護者をはじめ，地域の人なら誰でも参加でき，常時20名程度。昔遊びを教えてもらう，行事の手伝いや参観をしてもらう，必要なものをつくってもらうなど，地域の人たちの得意なことを保育に生かしています。また必要なときには，「地域応援隊」の知り合いも巻き込んで，様々な人が保育にかかわることができる窓口にもなっています。子どもたちもはじめは緊張していたようですが，徐々にかかわりをもつようになって「地域応援隊」の控室に「○○さん来て！」と呼びに行くようになるなど，親しみをもったかかわり方をしています。

　2011年の東日本大震災では，津波から園児が避難する際に地域の人たちが手伝ってくれたと聞きます。様々な人と温かな人間関係が築ける力をつけていきたいと思います。

③ 地域の中での役割

1　心の拠りどころとなる

　園の教育は，園を取り巻く様々な人々によって支えられていることを

前節で学びました。

人とのかかわりが希薄になってきている現在，園を取り巻く人々の生活や心が豊かになる園となるように，地域と園が互いに支え合う関係が築かれていくことが求められています。それは，何か特別なことをするわけでなくとも，日々の生活の中で地域の人々との心の通うかかわりから培われていきます。▷7

▷7 幼稚園教育要領第2章「ねらい及び内容」「人間関係」2内容（13）

【事例7-4 挨拶がつなぐ心】

G園では，毎朝，園長先生が登園する子どもたちを門で出迎えます。「おはようございます」「おはようございます」子どもたちと園長先生の声が住宅街に響きます。

近隣の高齢のご夫婦が「子どもの声はいいね。元気になる」「寂しくなくていいね」と見守ってくださっています。園庭の桜や子どもたちが育てている野菜の成長等もそっと見守り「野菜に虫がついているよ」「桜の花が開き始めたよ」等と声をかけてくださる人もいます。そして，園長先生は，毎朝，愛犬の散歩をさせる高齢の男性と犬にも「おはようございます」と挨拶を交わしていました。

ある寒い朝のことでした。子どもたちを迎え入れ終わると，園の入り口近くに止まっていた一台の車のドアが開き，段ボール箱を抱きかかえた高齢の男性が出てきました。毎朝，愛犬の散歩をしていた男性でした。その男性は「園長先生，昨夜この子（愛犬）が息を引き取りました。毎朝，先生と会うことを楽しみにしていたので，最後のご挨拶に来ました」涙を浮かべながら愛犬の死を知らせ，お別れの挨拶に来てくださったのでした。園長先生は，最後の挨拶とお別れをして，愛犬を抱きしめている男性を車まで送っていきました。運転をされていた息子さんが，「毎日，毎朝，子どもたちや園長先生に会うことが父もこの子（愛犬）も楽しみだったのです。ありがとうございました」と言って頭を下げられ，車は静かに園から遠ざかっていきました。

子どもたちと園長先生が交わす毎朝の挨拶ですが，生活習慣としての挨拶，一日を元気に始めるための挨拶，その子の心と体の様子を感じる挨拶等，様々な意味をもっています。そして，その挨拶は子どもと先生の間だけにはとどまらず，地域の人々との心の交流を図っている様子を読み取ることができます。日々の生活の中で人の心がつながっていく機会をつくっていくことで，地域の人々とのかかわりが深まっていきます。園にかかわる保護者だけでなく，地域の人々の心の拠りどころとなることで，園を取り巻く支え合うコミュニティーができています。

2 楽しみの共有

教育の基盤を支える地域における交流や地域のコミュニティーづくり

の重要性が近年問われています。人間関係を豊かに育むためには，様々な人とのかかわりが必要です。そのために様々な園で，地域の人材の力を借りて，子どもたちが様々な人と出会い楽しむ機会をつくっています。

　G園の2月の誕生日会には，毎年，皿回しやけん玉を見せてくれる地域のHさんがいらっしゃって，昔遊びショーをしてくださいます。毎年のことですので，年長児は「また，Hおじさんだよね」「けん玉1回でできたの見せたいな」「今年はぼくが皿回しに挑戦したい」「この前ね。○○のお店でおじさんに会ったんだよ」と会話がはずみます。

　誕生会の当日は，見たこともない様子に目を見張る3歳児，興味津々の4歳児。5歳児は，Hさんの「それでは今度は，年長さんにも皿回しショーをやってもらいます。……みんなの前でやってくれる人は手を挙げて……」の声を聞くと，我先にと興奮しながら手を挙げます。

　フリスビーでつくった特製の皿と子どもたちが扱える短い棒で用意されているので，子どもたちにも容易に皿回し（風）の体験ができます。先生たちも負けじと皿回しやけん玉に挑戦し，楽しいひと時となります。そして，誕生日会の後は，けん玉や皿回しのブームがやってきます。誕生日会をきっかけに，園の遊びが楽しく広がっていきます。

　誕生日会の後に，Hさんと懇談をすると「今年はどうしよかな。どんなふうにしたら喜ぶかなって，1年間考えるんですよ。毎年反応が違っておもしろいよね」と園で子どもたちとかかわることを楽しみにしている声が聞かれました。

　園児にとっても，保育者にとっても，そして地域のHさんにとっても，楽しみを共有できる貴重な機会となっています。地域の人材の力を，毎年の誕生日会の中で位置づけ，保育の中で計画的に子どもが体験できる事柄にすることで，人との豊かなかかわりが生まれ，園の生活が豊かになることがわかります。

3　地域の子育ての拠点

　地域の子育てセンターとして，地域での子育てを支えることは園の役割でもあります。そのために，園庭で園児と未就園児が交流できるように，未就園児の親子登園等を実施している園も多くあります。次の事例は，親子登園のときの親子と園児の様子です。

【事例7-5　互いにうれしい関係（5歳児6月）】
　もの静かで穏やかな5歳児のI子は，J子と遊ぶことが多いのですが，物事をはっきり伝えるJ子に，自分の意見を伝えられずにいる様子や，スーッ

と遊びから抜けてしまったりする様子がみられました。

　　Ｉ子は未就園児の園庭開放の日になると，砂場のスコップを貸してあげたことをきっかけに知り合った１歳児の親子のところにかかわりに行きます。この日は，１歳児の親子にマリつきを見せるＩ子。その様子を見て「お姉さん，すごいね」と拍手をしてくれる未就園児の親子。その後，Ｉ子は，ニコニコしながら１歳児にマリを貸し，１歳児が投げるマリを拾うことを繰り返して遊んでいました。Ｉ子は満面の笑顔で１歳児の親子とかかわっています。

　　そこへＪ子が来て「あっ，Ｉちゃん見つけた。やっぱりここにいたんだね。私も入れて」とＩ子に伝えます。Ｉ子がうなずくと，Ｊ子が１歳児との間に入ってきました。Ｉ子は少し戸惑っている様子でしたが，１歳児はＩ子ばかりにボールを投げて渡してきます。うれしそうに１歳児の投げるボールを受けていたＩ子ですが，３～４回受けた後に「Ｊちゃんも渡してあげて」と自信のある声と表情でＪ子にボールを渡しました。その後は，１歳児が喜んでくれる様子を見ながらボールの受け渡しを繰り返していました。園庭開放の時間が終わりに近づく放送が入ると，Ｉ子は「また遊ぼうね。バイバイだよ」と１歳児に優しく語りかけます。その様子を見たＪ子が「Ｉちゃんは本物のお姉さんみたいだね」とＩ子に伝えると，Ｉ子は少し恥ずかしそうな笑顔をみせました。１歳児の母親は「Ｉお姉ちゃんＪお姉ちゃんまた遊んでね」と言って帰っていきました。

　　園庭開放を担当する主任の先生は「Ｉちゃんがいてくれるから，お母さんも先生もたすかるわ。今日はＪちゃんも来てくれてパワーアップ。Ｊちゃんも楽しかったね」と二人に囁きました。

　　Ｉ子は園庭開放での１歳児の親子とのかかわりの中で，自分に期待をしてくれるうれしさを感じると同時に，そのことから自信をもって行動をしている様子をとらえることができます。また，「Ｊちゃんも渡してあげて」と自信のある声と表情でＪ子にボールを渡す様子からは，Ｊ子の気持ちにも気がつき自分の思いを伝えている様子をとらえることもできます。

　　地域の子育てセンターとして園庭開放を行うことで，様々な出会いやかかわりが生まれます。偶然の出会いを子どもの成長の糧にしていくには，保育者の幼児一人ひとりへの理解と子どもへの願いが大切になります。

4　支え合い，育ち合うあたたかな関係

　　幼稚園教育要領解説には次のように記されています。

　　人と関わる力の基礎は，自分が保護者や周囲の人々に温かく見守られているという安定感から生まれる人に対する信頼感をもつこと，さらに，その信頼感に支えられて自分自身の生活を確立していくことによって培われる。[8]

▷ 8　幼稚園教育要領解説第２章「ねらい及び内容」第２節「各領域に示す事項」２「人との関わりに関する領域『人間関係』」１「ねらい」

　子どもたちが生活し成長する園は，様々な人に支えられています。その様々な人との関係をつなぐことも園の保育を充実させるために必要なことです。家庭との連携が基盤となり，様々な人とのかかわりの中で子どもたちが育っていくこと，そして，地域の人たちとのつながりを大切にすることで，保育が充実していくのです。学級やクラス等の園内の人とのかかわりに加えて，園を取り巻く様々な環境を生かし，豊かなコミュニティーができるように自らができることを具体的に考えていきましょう。

演習課題

①　家族支援の重要性について感じたり考えたりしたことをグループで共有して，これからの保育の中で大切にしたいことをまとめましょう。

②　地域に根づく園として，園を理解してもらう，そして子どもたちが多様な人とかかわることができるようにしていくことが保育者には求められます。あなたが今できる（すでに取り組んでいる）ことはどのようなことでしょうか。保育者として必要な力はどのような力でしょうか。

③　地域の中の役割で豊かなコミュニティーを支えるためにはどのようなことが必要でしょうか。事例7-1〜7-5を通し感じたり考えたりしたことを共有しましょう。

引用・参考文献
第1節
加藤邦子（2019）「乳幼児期の学びに関わる理論①　愛着」青木紀久代編著『保育の心理学』（シリーズ知のゆりかご）みらい，124〜139頁
内閣府（2022）『男女共同参画白書　令和4年版』
永野典詞・岸本元気（2016）『保育士・幼稚園教諭のための保護者支援──保育ソーシャルワークで学ぶ相談支援〔新版〕』風鳴舎

第 II 部

子どもの発達と人間関係

第 **8** 章　0歳児における人とのかかわりの発達と保育者の援助

学びのポイント

●0歳児における人とのかかわりの発達を理解しましょう。
●発達早期におけるアタッチメントの重要性を理解しましょう。
●0歳児の発達を支援する保育者の援助について学びましょう。
●0歳児をもつ家庭への支援について学びましょう。

　0歳の赤ちゃんは，ヒトへの感受性などの様々な能力をもって生まれてきます。この時期に大切なことは赤ちゃんとの情緒的絆であるアタッチメントの形成です。保護者だけではなく，保育者ともアタッチメントの形成ができるよう，保育の環境を整えていくことが重要です。また，少子化などの影響で子育てに負担感や否定的感情をもつ保護者が多くなっているので，そのような保護者への多様な支援が必要です。

1　0歳児の人とのかかわりの発達

1　赤ちゃん観の移り変わり

　皆さんは「赤ちゃん」にどのようなイメージをもっているでしょうか。「よく泣いている」「お母さんが好き」「かわいい」など，それぞれがもつイメージがあるでしょう。魅力的な反面，「一人では何もできず，何もわからず，世話をされないと生きていけない」というイメージをもっている人も多いかもしれません。

　イギリスの哲学者であるジョン・ロック（Locke, J.）は，1600年代に白紙論を唱えました。これは，人間は白紙（タブラ・ラサ）の状態で生まれ，経験が白紙に知識を刻んでいくとする経験論の立場からのものです。さらに，赤ちゃんは目が見えず耳も聞こえない，と長い間信じられてきましたので，「一人では何もできず，何もわからず，世話をされないと生きていけない」というイメージは昔からあるものです。しかし，時間が経過し，受精卵や胎児，出生後間もない赤ちゃんの研究から，まったくの白紙状態や利用不可能な感覚器官をもって生まれるわけではないことがわかりました。多くの研究の結果，赤ちゃんは養育者からの

写真 8-1　生まれたての赤ちゃん
出所：筆者撮影

世話を必要としながらも驚くべき能力を発達初期から持ち合わせていることが明らかになっています（写真8-1）。

このように，長い歴史の中で，赤ちゃん観は「何もできない白紙の状態」という認識から，「無力ではあるが，有能な状態」という認識に移り変わってきました。

2　「人」に興味を示す赤ちゃん

赤ちゃんが発達初期からもっている能力の一つが「人への興味」です。これまでの研究で，赤ちゃんは人の顔や動き，声，匂いに興味を示すことがわかっています。視覚的刺激である**人の顔への選好**は，心理学者であるファンツ（Fantz, R. L.）によって明らかになりました（Fantz, 1963）（図8-1）。その後，生まれて一度も顔を見たことのない**新生児**であっても，顔のパターンを好むこと（Goren et al., 1975）や，顔図形の上部に要素が集まっているという特性（Top Heavy）をもつ図形を好むこと（Simon et al., 2002）もわかり，赤ちゃんが人の顔のパターンや要素に興味を示すことが明らかになっています。また，**バイオロジカルモーション**と呼ばれる知覚現象では，光点運動を用いた運動（図8-2）について，生後2日の新生児であっても，正立の歩行光点運動とそうでないものを区別できます（Simon et al., 2008）。さらに，新生児は母親の声と母親でない声を区別し，母親の母乳と母親以外の母乳の匂いも区別します。聴覚や嗅覚は，胎児期から発達している感覚機能であり，「**知覚的装備**」

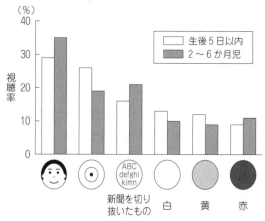

図8-1　乳児が好む図形パターン
出所：Fantz, 1963；河合, 2011, 154頁

▷1　人の顔への選好
生後46時間から6か月までの赤ちゃんに対し，図8-1のような図形パターンの好みを調査した。赤ちゃんの注視時間（じっと見る時間）を測定したところ，顔図形などを好んで見ることが明らかとなった（Fantz, 1963の実験）。

▷2　新生児
生後28日未満児を指す。

▷3　バイオロジカルモーション
光点画像による生き物のように動く動きのこと。図8-2の上段は，鶏の歩行，中断は非生物の運動，下段は上段の図を下方向に反転させた図を表している。生後2日の新生児は上段の画像を選好した。

▷4　知覚的装備
出生前から発達している聴覚や嗅覚などの感覚機能によって，特定の養育者（母親）の声や匂いを識別し，敏感に反応すること。遠藤（2021, p.99）によると，「出生前より胎児が母親の声や匂いを学習・記憶し，反応することで，出生後の親子間のアタッチメント形成に向けての準備が着実に進められている」という。

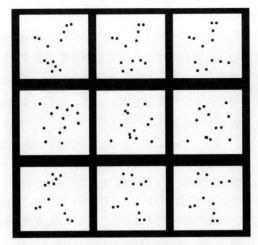

図8-2　バイオロジカルモーション

出所：Simon et al., 2008

と呼ばれています。このように，赤ちゃんは，経験や学習をしていなく
ても，ヒトの顔，動き，声，匂いなどの「ヒト」刺激全般に対して独特
の感受性を有しています。その社会的感性が，経験や学習を方向づけ，
身近な大人の表出に反応します。この反応や能力は，養育者を特定し，
自らの生命を保持することに役立っていると考えられています。

3　共同注意から社会的参照へ

　赤ちゃんは，発達初期に備わっている能力を土台に，生後1年間で多
くのことを見たり聞いたりしながら，経験を通して学習していきます。
生後9か月頃になると，三項関係が成立し，共同注意（joint attention）
へとつながっていきます。

【事例8-1　ワンワンいたよ（9か月児8月）】

　生後9か月のAちゃんは，保育者と一緒に近くの公園に散歩に行きました。
すると，公園に犬が入ってきました。Aちゃんは，「あ！あ！」と言いなが
ら，犬を何度も指さします。その様子を見た保育者は，「ワンワン来たね。
大きいね」とAちゃんに言いました。Aちゃんは，保育者の話をじっと聞き，
また「あ！」と言って犬を指さしました。保育者は，微笑みながら，「ワン
ワン，気になるの？茶色いワンワン，かわいいね」と言いました。

　共同注意とは，事例8-1のように，赤ちゃんが興味をもったものを
「あ！」と指さしながら保護者や保育者に伝えると，大人は，「ワンワン
いたね」などと応答します。二者の間に，事物があり，両者が興味を示
している状態を共同注意と呼びます。共同注意によって，赤ちゃんは事

物の名称を知ったり，「大きい」「茶色い」「かわいい」など事物を説明する多様な言葉に出会ったりします。したがって，共同注意は興味を共有するだけでなく，言語の発達にも影響を与えています。

　共同注意を発展させたものが，社会的参照（social referencing）です。社会的参照は，相手の表情や視線を手がかりに，その意味を推測し，人の気持ちを読み取ろうとすることです。

【事例8-2　さわっていいの？（10か月児4月）】

　Bちゃんは，園庭の砂場に座って砂遊びをしています。砂場の脇の囲いの上にアリが歩いているのを見つけました。Bちゃんは，アリを触ろうと指を伸ばしましたが，一瞬身体の動きを止めて，近くにいた保育者の顔を見ました。Bちゃんの視線に気づいた保育者は，「アリさんいたね」と言って微笑み，自分の指の上にそのアリをそっと乗せました。Bちゃんは興味深い表情をして，保育者の指の上を歩くアリを見つめました。

　事例8-2のように，触ってよいものかどうかわからないときに，赤ちゃんは大人の顔を見ます。それがハサミやごみなどのように危険なものや触ってはいけないものであったら，大人は怖い顔や難しい顔をするでしょう。花やおもちゃなどの触ってよいものであれば，微笑むかもしれません。そのような参照先の表情や視線から，赤ちゃんはそのものの価値やかかわり方を推測し，自分の行動を決める手がかりとします。事例8-2では，保育者の表情や言動から，「アリは触っても大丈夫」「手に乗せられる」などの情報や，かかわり方を学んでいるのです。社会的参照は，直接自分が経験しなくても，ものへのかかわり方を具体的に学べる，大変効率のよい学習方法だといわれています。

　以上のように，赤ちゃんは，人への感受性を土台に，経験を通して，身近な養育者を区別していきます。そしてその人たちの表情や視線を参照することで，人間関係の広がりである社会性を備えていきます。

2　アタッチメントの重要性

1　アタッチメントの起源

　赤ちゃんは，人への感受性を備えていますが，これらは自己の生存確率を高めるために備わっていると考えられています。自分の力だけで生存することが難しい赤ちゃんは，誰かに世話をしてもらわないと生きていけません。そのためには，「人」なのかそうでないのかを区別し，母親などの特定の養育者に関心や興味を向けることが重要であり，その結

果，世話をしてもらうことを可能にします。

【事例8-3　赤ちゃん大丈夫だよ（9か月児10月）】

　不安な様子の生後9か月の赤ちゃんを，きょうだいたちが抱きしめています。「怖くないよ」「大丈夫だよ」と言いながら，赤ちゃんを安心させようとしています。

写真8-2　なぐさめてもらう赤ちゃん

　赤ちゃんが不安などを感じたときに，その心的状態を身近な人たちがキャッチし，すぐに身体的接触をしながら，赤ちゃんのことをなぐさめていきます。事例8-3では，赤ちゃんの様子を心配したきょうだいたちが抱きしめながら泣き止ませようとしています。抱きしめる強さも重要で，ちょうどよい圧迫感を与えることで，赤ちゃんの心拍が落ち着くともいわれています。このことから，アタッチメントは生存するためだけではなく，温かな身体接触を通して形成されることがわかります（45頁参照）。

2　アタッチメントの定義

　アタッチメントは，身体的接触を指すスキンシップと混同されやすいですが，それだけではありません。ボウルビィ（Bowlby, 1969）はアタッチメントを「個体がある危機的状況に接し，あるいはまた，そうした危機を予測し，恐れや不安などの特にネガティブな情動が強く喚起されたときに，特定の他個体への近接を通して，主観的な安全の感覚（felt security）を回復・維持しようとする傾性」と呼んでいます。

　「ネガティブ状態」とは，赤ちゃんが危機的，緊張状態であることを意味します。ぶつかったり，ころんだりして痛い思いをした，知らない人が話しかけてきて不安になったなどの状態でしょう。このような状態に置かれた赤ちゃんは，特定の対象のもとに近づきます。赤ちゃんにとっての「特定の対象」とは，母親や父親などの保護者，または，いつも一緒にいる保育者を指します。赤ちゃんが，まだ自分で移動ができない発達段階であれば，手を広げて抱っこを求めたり，不安そうな表情で養育者を見つめたりするかもしれません。そして，特定の対象に抱きついたりして身体接触を求めるのです。

【事例8-4　不安だからくっつくね（7か月児6月）】

　生後7か月のCちゃんは，保育室内でボールをころがしてD保育者と遊んでいました。すると，園長先生が保育室に入ってきました。その様子を見た

Cちゃんは，不安そうな表情になり，ハイハイをしてすぐにD保育者にくっつきました。D保育者は「Cちゃん，園長先生だよ。大丈夫だよ」と言って，Cちゃんを抱きしめ，「びっくりしたね」と言って背中をなでました。しだいにCちゃんの不安そうな表情はやわらぎ，D保育者にくっついていれば大丈夫な様子でした。園長先生が保育室から出ていくと，CちゃんはD保育者から離れ，またボールで遊び始めました。

　事例8-4のように，Cちゃんにとって「特定の対象」であるD保育者は，Cちゃんをなぐさめたり，安心させたりしています。「あの人は，園長先生だよ」と安心できるように説明をしたり，「びっくりしたね」となでたりしています。重要なことは，かかわりを求めてきた，もしくは，赤ちゃんがかかわりたいとサインを出したときに，すぐに応答することです。そして，赤ちゃんのネガティブ情動を緩和し，安心感を提供することです。ネガティブ状態の赤ちゃんが，特定の対象とかかわることで，安心し，落ち着くというサイクルを「安心感の輪（Circle of security）」といいます。図8-3の左側が，赤ちゃんに安心と安全を提供する場所です。赤ちゃんは，この安全基地から上のラインのように探索活動に出かけます。しかし，途中でネガティブな状態になったときは，下のラインのように安全基地に帰るわけです。何度もこのサイクルを経験することで，「特定の対象」と赤ちゃんとの間に情緒的絆であるアタッチメントが形成され，特定の対象がいる場所が赤ちゃんにとっての安心の基地・安全な避難場所として機能し，赤ちゃんは安心・安全を保障されな

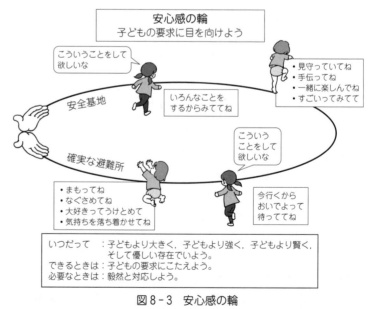

図8-3　安心感の輪

出所：北川，2012をもとに作成

がら，探索活動を行うことができるのです。

3　アタッチメントと基本的信頼感

　情緒的絆であるアタッチメントがしっかり形成されれば，赤ちゃんは，「特定の対象」に対し，「この人はちゃんと守ってくれる」「困ったら，この人のところに行けば大丈夫」という他者への信頼感，そして「自分は守ってもらえる存在なんだ」「自分は愛されているんだ」という自分への信頼感が育ちます。この基本的信頼感は，これから広がっていく人間関係のテンプレートとなります。つまり，保護者以外の身近な大人や友達に対し，信頼を基盤とした人間関係を構築できる力が，この赤ちゃんの時期に培われていくのです。

　さらに，アタッチメントの形成は，自己の情動を言葉や感覚で認識することに役立ちます。赤ちゃんがころんでしまい，泣きながら母親にくっついた場面を想像してみましょう。母親は，「痛かったね」と痛みのありそうな部分をなでるでしょう。赤ちゃんは，母親とのこのかかわりの中で，「この感覚は"痛い"なんだ」と痛みの感覚と言葉を結びつけることが可能になります。また，母親の表情を見て，「こういう表情は"悲しい""つらい"ときにするんだな」と表出すべき表情を学習します。また，痛い部分をなでてもらうことで，「痛いときはこうやってなでるとやわらぐんだな」と行動パターンを学びます。そして最後に，「こうやってなぐさめてもらえば，悲しい気持ちがなくなるんだな」「なんだか元気になってきたな」と自分のネガティブ情動が，他者との相互作用により立て直され，ネガティブ状態がやわらぐ経験を感じ取っていきます。このように，アタッチメントの形成は，子どもが今の自分のネガティブな気持ちを認識し，どうすればそれを立て直せるのかについての方略を提案してくれます。それがいずれ，他者へのかかわり方につながっていくのです。

　以上のように，アタッチメントの形成は，基本的信頼感と結びつき，将来，他者との人間関係を築くうえで大切な経験となってきます。

③　保育者の援助

1　保育の質の重要性

　共働き家庭の増加を背景に，0歳児保育の需要が高まっています。赤ちゃんが人間関係の基礎を培う0歳児の保育現場のあり方において，とりわけ保育の質が重要視されています。

▷5　担当制
特定の子どもに対し，特定の保育者が保育することである。この保育者は日常の保育だけではなく，保護者の相談窓口になったり，記録を書いたりする。この子どものことを一番よく知っている保育者のことである。たとえば，0歳児クラスに子どもが10人在籍していれば，A保育者とB保育者がそのうち3人ずつを担当し，C保育者とD保育者が2人ずつを担当する。クラスとしては4人担任で，連携して保育を行う。

▷6　内的作業モデル
自己や他者についてのイメージ・表象のことである。「このような場合，自分はこうする。すると，他者はこうするだろうな」という子どもなりの見通しや確信，期待のことである。アタッチメントが安定して構築されている子どもは，「他者は応答的であり，支援的である」という一定の内的作業モデルを形成している。

　赤ちゃんは，アタッチメントを築いている保護者との分離によって，入園直後は特に不安定になることが想像されます。0歳児の担任保育者は，不安定な赤ちゃんにどのように対応するのでしょうか。ここで重要な役割を担うのが，新たなアタッチメントの形成です。第2節で学んだように，赤ちゃんは不安や緊張などのネガティブ状態になると，特定の対象に近接し，安全な感覚を回復・維持しようとします。最初こそ，保育の場に特定の対象はいないのですが，しだいに，いつも自分を守ってくれる，助けてくれる特定の保育者を見つけます。0歳児クラスで担当制を採用している保育所が多いのは，そのような理由からだと考えられます。それぞれの赤ちゃんにいつも決まった保育者が保育をすることで，アタッチメントの形成がスムーズになされるのです。

　保育の質を考えるとき，その「過程」に注目する場合があります。これは，保育者と子どもとの関係性や相互作用のことで，大切な視点です。保育者と子どもとのアタッチメントの安定性は，保育者と子どもの関係性の高さを示す指標ともなります（Verschueren & Koomen, 2012）。

　0歳児クラスでアタッチメント形成ができた保育者との経験は，その後に出会う他の担任や友達との関係性に影響を与えるという研究もあり，家庭以外での集団の場で培われた最初のアタッチメントは，子どもの中で内的作業モデルとして機能するなど，重要な役割を果たしている可能性があります。

　したがって，0歳児クラスにおける保育者とのアタッチメント形成は，子どものその後の集団生活の質に影響を及ぼすとも考えられるため，0歳児クラスでの保育の質，とりわけ人間関係の質が重要だといえます。

2　情動の調律

　0歳児クラスの保育は，保育所保育指針における養護の視点にあるように，「生命の保持」と「情緒の安定」を重要視しています。ここでは，具体的な保育について考えてみましょう。

　0歳児クラスでは，赤ちゃんたちが様々な理由で泣いたりぐずったりする姿が多くなります。たとえば，空腹時，排泄をしておむつが濡れているとき，眠いとき，驚いたときや不安なときなどです。言語発達が未熟ですので，「泣く」「ぐずる」という表出で自分の不快な状態を表現しています。また，この表出の仕方は，それぞれの赤ちゃんによって異なります。大きな声で泣く赤ちゃんもいれば，機嫌がなかなか直らない赤ちゃんもいるでしょう。保育者は，それぞれの赤ちゃんの泣き方や泣くタイミングを把握し，個別に対応することが大切です。ミルクを与える，

おむつを替えるなどの不快な状態を取り除きながら，赤ちゃんが泣き止んだり，落ち着いたりするようにかかわることが必要です。その際，赤ちゃんが訴えているネガティブ感情を調律していきます。

　感情の調律とは，「養育者が子どもの気持ちを立て直し，子どもの気持ちに寄り添いながら，子どもの気持ちを映し出す」ことです。赤ちゃんを不快にさせている原因を推測し，それを取り除きながら，赤ちゃんのネガティブな気持ちに共感し，表情や言葉でその気持ちを鏡のように映し出し，立て直していきます。

【事例 8-5　悲しい気持ち，どうしたらいい？（11か月児12月）】

　生後11か月のEちゃんは，最近ヨチヨチ歩きができるようになりました。自由に移動できることがうれしくて，また，周りの保育者から「すごい」「上手」とほめられることがうれしいようで，頻繁に歩こうとします。ある日，Eちゃんが歩いていた際に，バランスを崩し，おもちゃの車の上にころんでしまいました。Eちゃんは，火が付いたように泣きました。すぐにF保育者がEちゃんを抱っこし，「痛かったね」「ころんだら痛いよね」「車の上にころんじゃったの？それは痛いよね」とEちゃんに言いながら，悲しそうな顔をしながらEちゃんの痛そうなところをなでました。しだいにEちゃんは泣き止み，元気が戻ってきました。F保育者はEちゃんを床に降ろし，「もう大丈夫？」と聞きました。Eちゃんはうなずき，またヨチヨチ歩きで他のところへ向かいました。

　事例 8-5 では，Eちゃんの気持ちをF保育者が代弁しています。情動の調律で重要なことは，保育者が「子どもの気持ちを映し出す」ということです。「お腹がすいて嫌だったね」「おむつが濡れて気持ち悪かったね」「びっくりしちゃったね」「まだ遊びたかったね」など，赤ちゃんの気持ちを言語化し，赤ちゃんに伝えていくことです。このことは，保育者に限ったことではありませんが，集団で生活している0歳児クラスでは，特に個々の赤ちゃんの心的状態がそれぞれ異なることに留意する必要があります。同じ空腹時でも，悲しい気持ちの赤ちゃんと怒っている赤ちゃんがいるように，赤ちゃんへの個別の理解と対応が大切です。

　安定したアタッチメント形成ができている母親は「子どもの気持ちを映し出す」ことが上手です。イライラしたり，禁止するような言葉を言ったりせずに，子どもの心的状態を言語化します。自分の気持ちがわかってもらえると，ネガティブな気持ちが落ちついていきます。このような感情の調律に留意することで，赤ちゃんとの良好なアタッチメントが構築できるようになります。

3　0歳児クラスの環境構成

　感情の調律をする際に，0歳児クラスの保育室の環境が重要となってきます。赤ちゃんは，身近な人の情動表出に影響されます。それは，情動伝染（emotional contagion）といい，自覚意識なく瞬時に同様の情動状態になることです。

【事例8-6　つられて泣いちゃうよ（0歳児5月）】

　0歳児クラスには，赤ちゃんが7人います。朝，Gちゃんがお母さんと登園してきました。Gちゃんは，お母さんに抱っこしてもらっていましたが，保育者が「Gちゃんおいで」と手を広げて受け入れようとすると，ぐずぐずし始めました。保育者はGちゃんを抱っこし，お母さんを見送りましたが，Gちゃんは大きな声で泣き始めます。すると，室内にいた二人の赤ちゃんも泣き始めました。二人の赤ちゃんにそれぞれ保育者がそばに行き，抱っこをしてあやすと泣き止み，また，遊び始めました。

　事例8-6は情動伝染の場面です。Gちゃんは，母子分離を嫌がって泣きましたが，ほかの二人の赤ちゃんはどうでしょうか。痛い思いをしたり，困ったりした様子はありません。つまり，Gちゃんの泣き声や不安そうな表情を見て，泣き始めたと考えられます。

　このような情動伝染は，複数の赤ちゃんが同じ場で生活している保育所ではよくあることです。情動伝染は悪いことではありませんが，遊びに夢中になっている赤ちゃんの集中を妨げてしまうことがあります。この赤ちゃんの特性に配慮した保育環境を考えると，大きなスペースで全員が過ごすよりも，小さなスペースを活用したり，いくつかの部屋を使用したりして過ごすことで，赤ちゃん同士の情動伝染を最小限にすることができます。情動調律とは，赤ちゃんのネガティブ感情を整えていくことですので，多くの赤ちゃんが同時に泣いているような環境では難しくなってしまいます。赤ちゃんが成長していくと，自分の情動のコントロールができるようになったり，「あの子は，今，悲しいんだな」と相手の状況や情動を自分と切り離して考えることができるようになってきますので，しだいに情動伝染は減少していきます。したがって，情動伝染に配慮した環境構成は0歳児クラスにおける特別な配慮といえるでしょう。

4　保護者への支援

1　保護者の背景と育児への否定的感情

　0歳児の赤ちゃんを育てている保護者の背景や子育て意識はどのよう

なものでしょうか。保護者が抱えている困りごとや，第三者からの社会的支援の必要性を考えてみましょう。

　まずは，赤ちゃんを育てている保護者の背景です。2022年に生まれた赤ちゃんの数は，1899年の統計開始以来初めて80万人を下回り，早いペースで少子化が進んでいます。2021年の合計特殊出生率は1.30と年々低下しています（厚生労働省，2021）。また，共働き世帯の増加や保育所の就園率の増加などが挙げられます（ベネッセ教育総合研究所，2022）。さらに，総務省統計局（2020）によると，「ひとり親と子供から成る世帯」は2005年から2020年へと徐々に増加しており，赤ちゃんの育ちを支援する大人が足りないことがわかります。少子化であるがゆえに，近所に同世代の赤ちゃんを育てている家庭と出会う機会が減少し，友人・知人や祖父母からのサポートは減少しています（ベネッセ教育総合研究所，2022）。つまり，保育所での経験や出会いが一層重要になってくると推測されます。

　次に，赤ちゃんを育てている保護者の子育て意識です。1歳6か月以上4歳未満の乳幼児を育てている母親を対象に調査を行ったところ，未就園児をもつ母親の否定的感情が増加しています（図8−4）。「子どもを育てるためにがまんばかりしている」などの負担感と，「子どもが将来うまく育っていくかどうか心配になる」「子どものことでどうしたらよいかわからない」などの不安感が特に上昇しています。これらの負担感や不安感は，ときに虐待につながってしまいます。2020年度に虐待によって死亡した子どものうち，0歳児が全体の65.3％を占めました。虐待の主な理由について，「子どもの世話・養育をする余裕がない」「泣きやまないことにいらだったため」が上位を占めています（厚生労働省，2022）。

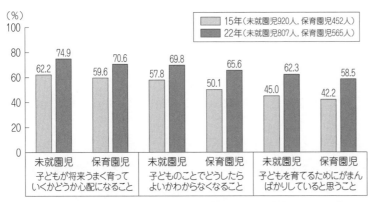

図8−4　子育てへの否定的な感情（未就園児と保育園児別，2015年と2022年の比較）

出所：ベネッセ教育総合研究所，2022より抜粋

　身近な社会的サポートが減少し，仕事と育児を両立させることが難しく，特に，言語的発達が未熟で泣いている理由が推測しづらい赤ちゃんが犠牲になっていることがわかります。

2　保育所・認定こども園の役割

　赤ちゃんを育てている保護者の背景や負担感・不安感を踏まえると，保育所・認定こども園（以下，保育所などとする）ができる支援はどのようなものになるでしょうか。

　まず一つ目は，保護者への精神的サポートです。仕事や介護，看護などと両立して育児を行っている保護者の大変さに共感し，いたわり，励ますことです。特に第一子の乳児期は，育児に対し困難さが多いといわれています。

【事例 8-7　ママ，お疲れさま（11か月児 3月）】

　いつも子どものお迎えが遅く，保育所がしまる時間にも遅刻しがちな母親がいます。Hちゃんは，自分のお迎えが園で最後になることに慣れ，特に不安な様子はありません。今日も，15分の遅刻をして，母親が迎えに来ました。夜の保育の担当だった保育者は，息を切らして申し訳なさそうに玄関に立つ母親に向かって，「おかえりなさい。走ってきたんですか？大丈夫ですか？水でも飲みますか？」と声をかけました。すると，母親の目から涙があふれ出しました。「いつも遅れてすみません。どうしても仕事が時間通りに終わらなくて。この子にもかわいそうなことをしているとわかってるんですけど，どうにもできないんです」と泣きながら言いました。保育者は「そうなんですね。大変ですよね。Hちゃんは大丈夫ですよ！さっきまで，パズルをして遊んでたんです。今日は，同じパズルを何回もやって，完成するたびにいろんな先生にほめてもらってましたよ」とHちゃんの今日の様子を話しました。

　事例 8-7 では，この家庭に対し，保育所以外の社会的支援（ファミリーサポートなど）が必要だと考えられますが，まずは，罪悪感を覚えながら奮闘する母親の精神的サポートが重要だといえます。また，Hちゃんの成長を一緒に喜べるような情報共有も母親の育児支援につながっていくと考えられます。

　そして二つ目は，社会的支援との連携・協働です。赤ちゃんを育てる保護者の背景や負担感・不安感を考えたとき，何らかの支援の手が必要であることはよくわかるでしょう。事例 8-7 の場合は，母親の負担を減らす手段を提案することが必要だと考えられますが，家庭によって，また保護者の育児観や経済的状況によっても，保育者が提案する社会的

支援は異なってきます。選択肢は複数ありますので，その家庭に合った支援を組み合わせながら提案できるよう，最新の子育て支援の状況を把握しておくことが大切です。

演習課題

①　情動伝染に配慮した0歳児クラスのレイアウトを考えてみましょう。

②　事例8-7のように，家庭での養育がうまくできない場合，保育所などがその家庭の赤ちゃんにできることは何でしょうか。

引用・参考文献

遠藤利彦（2021）『入門アタッチメント理論——臨床・実践への架け橋』日本評論社

河合優年（2011）「乳児期」無藤隆・子安増生編『発達心理学 I』東京大学出版会，149～179頁

北川恵（2012）「養育者支援」数井みゆき編著『アタッチメントの実践と応用——医療・福祉・教育・司法現場からの報告』誠信書房

厚生労働省（2021）「人口動態調査」

厚生労働省（2022）「子ども虐待による死亡事例等の検証結果等について（第18次報告）」社会保障審議会児童部会児童虐待等要保護事例の検証に関する専門委員会

総務省統計局（2020）「令和2年国勢調査」

ベネッセ教育総合研究所（2022）「第6回幼児の生活アンケート」

Bowlby, J. (1969) *Attachment and Loss, Vol. 1: Attachment*, Basic Books (revised edition, 1982)

Fantz, R., L. (1963) "Pattern vision in newborn infants," *Science*, pp. 296-297

Goren, C. C., Sarty, M., & Wu, P. Y. K. (1975) "Visual following and pattern discrimination of face-like stimuli by newborn infants'," *Pediatrics*, 56, pp. 544-549

Harlow, H. F. (1971) *Learning to love*, Albion Publishing（浜田寿美男訳（1978）『愛のなりたち』ミネルヴァ書房）

Simon, F., Valenza, E., Macchi, V., Turati, C., & Umiltà, C. (2002) "Newborns' preference for up-down asymmetrical configurations," *Developmental Science*, 5, pp. 427-434

Simon, F., Regolin, L., & Bulf, H. (2008) "A predisposition for biological motion in the newborn baby," *Proceedings of the National Academy of Science of the United States of America*, 105, pp. 809-813

Verschueren, K., & Koomen, H. M. Y. (2012) "Teacher–child relationships from an attachment perspective," *Attachment & Human Development*, 14:3, pp. 205-211

第 9 章　1，2歳児における人とのかかわりの発達と保育者の援助

学びのポイント

● 0歳児の時期に形成された愛着関係を基盤として，徐々に認知機能が高まっていきます。認知機能の発達とともに周囲への興味や関心が広がっていく1，2歳児の姿をとらえましょう。
● 自我の芽生えによって，自己主張が強くなっていく子どもたちの姿を想像してみましょう。
● 幼児期の自立心や協同性の育ちに向けた子どもたちの人間関係を支える保育とは何か考えましょう。

　ここまで，0歳児の人とのかかわりと援助についてみてきました。0歳児は，大人とのかかわりが中心でしたが，1，2歳児では他児とのかかわりも増えていく時期です。身体機能の発達にともない，行動範囲が飛躍的に拡大し，言語機能の発達によって，言葉での意思表示ができるようになります。その反面，自己主張が増えたり，友達とのトラブルが増えたりと，大人は「手がかかるなあ」と感じることが多くなる時期でもあります。

1　1，2歳児における人間関係の意義

人とのかかわりがもつ意味と発達の連続性

　本書を読んでいる皆さんは，自分が幼稚園または保育所で過ごした年長児のときの姿を覚えているでしょうか。覚えていない人であっても，昨今の情報化社会の中においてはテレビなどのメディアを通じて，保育所などで生活する子どもたちの様子を想像できると思います。そうした集団生活の場で過ごしている幼児は，同年齢の友達と会話をしたりおもちゃを共有したり，ときには自身の葛藤を相手に伝えたりしながら一つの社会環境を築いています。その社会環境は，主に自身と他者の人間関係がもとになり構成されます。幼児は，自分とは異なる存在の他者を認めて，自身との違いを調整しながら共に成長していきます。それが社会性であり，変化を続けながら成長とともに拡大していきます。

　さて，その社会性は，年中児や年長児になると，突然身に付くものなのでしょうか。当然，そんなことはありません。乳児期の安定した愛着

関係を軸に，この章で取り上げる1，2歳の時期に安定した自己と他者との人間関係を経験することによって，その後の幼児期にかけて社会性の萌芽をむかえます。言い換えると，1，2歳の時期の人間関係が，その後の人間関係や社会性，そして個人の人格形成にまで影響を与える可能性があります。

　また，この時期には一般的に著しく言葉が発達します。人とのかかわりにおいて，言葉が重要であることはいうまでもありません。しかし言葉の発達には個人差があり，保育者は子どもたち一人ひとりの発達に即した対応が必要になります。

　このように，非常に大切な時期の人間関係について，1，2歳児はどのように人とかかわっているのか，そして保育者に求められる援助とはどのようなものなのか，事例を通して年齢ごとに考えていきましょう。

2　1，2歳児の人間関係の発達と保育者の援助

1　1歳児の発達の特徴

　1歳児の頃は，様々な発達が著しい時期です。認知機能の高まりや諸器官の発達，そして運動機能と言語機能に顕著な発達がみられます。特に，言葉を使って自分の思いや考えを相手に伝えようという欲求が高くなっていきます。言語の発達には個人差が大きく，この頃の子どもたちの発音はまだ幼児期の子どもほど明瞭ではありません。しかし，自分の思いを他者に伝えようと，初語や一語文など意味をもった言葉（有意味語）を使うようになります。そして，子どもの問いかけに対して大人が応答を繰り返すことで，コミュニケーション能力や言葉の理解が飛躍的に進んでいきます。

　このような時期の子どもの姿を想像しながら，人とのかかわりを支える保育者の援助について考えていきましょう。

2　人とのかかわりを支える保育者の援助（1歳児）

　前節で触れたように，満1歳前後の頃の子どもにとって，大人との親密な関係性が大切になります。子どもは，特定の大人との信頼感や応答的なかかわりを心地よいと感じることによって，他者とかかわる力の基盤が形成されていくのです（写真9-1）。そのことは，保育所保育指針，および幼保連携型認定こども園教育・保育要領の中で，それぞれ「1歳以上3歳未満児の保育に関わるねらい及び内容」▷1「満1歳以上満3歳未満の園児の保育に関するねらい及び内容」▷2の人間関係の箇所に記載され

▷1　保育所保育指針第2章「保育の内容」2

▷2　幼保連携型認定こども園教育・保育要領第2章「ねらい及び内容並びに配慮事項」第2

**写真9-1　大人との応答的な
かかわり**

出所：保育士求人サイトhoicil「しゃりっこ
キッズ保育園」https://www.hoicil.com/
f/oikjtl/job/vnmvipsr（2023年2月20日
アクセス）

ています。後者では，他の人々と親しみ，支え合って生活するために，自立心を育て，人とかかわる力を養うために，「保育教諭等の受容的・応答的な関わりの中で，欲求を適切に満たし，安定感をもって過ごす」という内容が記載されています。大人との応答的なかかわりが基盤になって，自分以外の他児へと関心が広がり，同年代の子どもとかかわろうとする意欲や行動につながっていきます。

　1歳児にとって他児とのかかわりは，保育所や認定こども園（以下，「保育所など」とする）での集団生活が主になるでしょう。保育所などでは0歳児クラス，または1歳児クラスに在籍する年齢で，個の育ちを重視した，特にきめ細やかな保育が求められる時期にあたります。

①身近な大人との関係

　1歳を過ぎると，自我の芽生えとともに物に対する所有欲求（自分のものという認識）が高まります。集団生活の場では，自分の物と他者の物の区別や他者の存在を認めるきっかけとして，シンボルとなるシールを貼って区別したり，おもちゃなどをあえて限られた数しか配置せずに他児と共有したりする保育が行われます。

【事例9-1　ボクのおもちゃ（1歳児4月）】

　1歳6か月のAくんは，お話が大好きで，休みの日に家族と出かけたことを担任の先生に話してくれたり，クラスの友達におもちゃを「どうぞ」と言って貸してあげたりする姿がよくみられます。

　あるとき，新しい新幹線のおもちゃがクラスに入ってきました。Aくんはその新幹線がとても気に入った様子で，自由遊びのときには，常にその玩具を握って保育室の中で過ごしていました。ある日，午睡の目覚めが遅くなったAくんは，すでに自由遊びを始めていたBくんがその新幹線で遊んでいる姿を目にしました。すると，すぐに近くまで駆け寄り，Bくんを引っ掻いておもちゃを奪い取ってしまいました。

　この事例では，Aくんが自身の葛藤を上手く言葉でBくんに伝えられなかったために引っ掻きが起きてしまいました。この事例の背景には，午睡あけでまだAくんの意識がまどろんでいたことや，保育者が子どもたちの寝具を片づけたりおやつの準備をしていたり，目が届きにくかっ

た可能性などが考えられます。いずれにしても，この時期の子どもたち
は「これ（おもちゃ）はぼくの！」や「わたしだけのせんせいだもん！」
という感情を言葉で上手く伝えることができません。そのため保育者は，
こうした子どもの発達特性の理解と個人特性を考慮したうえで，日々の
保育を営んでいます。

　この事例が発生した数日後，午睡の後の時間帯を子どもたちが穏やか
に過ごせるようにするために，このクラスの保育者は友達同士で手をつ
ないで排泄に行ったり，おやつを待ったりするような方法を試みました。
そして保育者が，「仲良しだねえ」や「上手に待てたね」など，うれし
そうな表情と言葉で子どもたちに伝えると，AくんやBくんもうれしそ
うな声をあげて過ごすことができるようになりました。このことからわ
かるように，保育者の言葉は，子どもたちの行動や人とのかかわり方に
まで大きな影響を与えているのです。

②1歳児の人間関係を育む保育者と保護者の関係

　保育者にとって，1歳児の安定した人間関係を育むために不可欠とな
るのが保護者の支援です。事例9-1でいえば，普段は「どうぞ」とい
う言葉を添えて友達に優しくおもちゃを譲るAくんの様子を保護者に伝
えることによって，家庭内では見る機会が少ない集団生活での子どもの
成長を感じ取り，わが子に対する愛おしさが増したり育児の疲れが軽減
されたりすることでしょう。そして親子間の情緒的な絆が一層深まり，
子どもたちは楽しく登園し，園生活がより充実したものになっていくの
です。

3　2歳児の発達の特徴

　2歳児の発達の特徴として，子どもの中で自他の区別が明確になり，
自我がより強く現れるようになります。1歳台までに養ってきた大人と
の関係性を基盤として，「自分でやりたい（できる）」という欲求や主張
が目立つ時期であり，イヤイヤ期や**第一反抗期**とも呼ばれます。この頃
の子どもと接する機会が少ない保育者や，第一子として初めて向き合う
ことになった保護者にとっては，「イヤ」と言われたり，かんしゃくを
起こされたりして，子どもとのかかわりに苦労を覚える時期かもしれま
せん。しかしながら，この自己主張や語彙の増加は子どもにとって望ま
しい発達の姿であり，それまで大人たちが適切に子どもとかかわってき
た証明でもあるのです。保護者や保育者が愛情をもって接してきたこと
によって，子どもとの間に情緒的な絆が形成され，その結果として子ど
もは自信をもって自己を発揮しているのです。

▷3　第一反抗期（第一
次反抗期）
自己主張（「やりたい」「で
きる」という気持ち）と自
己抑制（自分を抑えたりコ
ントロールする力）が不均
衡なために生じる様相。1
歳半～3歳頃に多くみられ
る。

　2歳頃の子どもは，形成過程の中にある自己を発揮することによって，自分とは異なる他児の考えや存在と衝突します。大人はその状況を仲介し，互いの主張や要求を受け止めることで，子ども自身が認められたと感じるようにかかわっていくことが肝要です。子どもたちは，こうした経験を繰り返しながら，他児の存在を認め，受け入れていくようになります。

4　人間関係の発達を育む保育者の援助（2歳児）

　この時期の子どもたちは，保育所などの1歳児クラス，または2歳児クラスに在籍する年齢で，1歳児のときよりも友達とかかわる時間が長くなっていきます。そのため，子ども同士のトラブルが増えるように感じますが，視点を変えると「人間関係が日々形成されている」と肯定的にとらえることができます。

①子ども同士の関係

　認知機能の高まりとともに，周囲の人や物への関心がより拡大していきます。友達の真似をしたり同じものを欲しがったり，何に関しても「○○ちゃんと一緒がいい」と言ったりするのは，この時期の発達過程の特徴の一つといえるでしょう。

【事例9-2　いっしょがいい（2歳児5月）】

　Cちゃん（2歳6か月）は，動物や虫への興味がとても強い女の子です。そしてDちゃん（2歳3か月）は，人への関心が高く，近頃は友達のやっていることが何でも気になっている様子です。最近はCちゃんのことが大好きで，遊びや給食，お昼寝の時間など，いつもCちゃんを探したり，隣の席に座りたがったりする姿が目立ちます。

　ある日，園庭の隅に座り込み，何かを真剣に見ているCちゃんの姿がありました。靴を履くのに時間がかかってしまい，遅れて園庭に出てきたDちゃんは，いつものようにCちゃんを探し始めました。Cちゃんを見つけると，Dちゃんは他の友達や遊具に目もくれず，Cちゃんに向かってまっすぐに走っていきました。Cちゃんのところまでたどり着くと，Dちゃんは「なにしてるの？」とCちゃんに尋ねました。するとCちゃんは，地面を見つめたまま「ありさん」と言いました（写真9-2）。

写真9-2　集中力と興味の広がり
出所：筆者撮影

　こうした様子は，2歳児クラスでよくみられます。読者の皆さんの中

には，「平行遊び[4]」という言葉を聞いたことがある人もいるでしょう。平行遊びとは，ほかの友達のところに近寄っていき，同じ遊びをしているようにみえるものの，互いの意識は交流していない状況のことを指します。Ｄちゃんの声かけに対して地面を見たまま返答したＣちゃんの姿から，他児よりもアリに関心が強いことがわかります。そのため，事例9-2もこの場面だけを切り取ると，典型的な平行遊びといえるでしょう。しかし，子どもの生活や関係性は連続性をもっているものです。実はここで登場したＤちゃんは，その後数か月をかけて虫や生き物が大好きなＤちゃんへと変化していきました。つまり，それまでは大きな対象である他児（Ｃちゃん）にばかり目を奪われていたＤちゃんでしたが，友達をきっかけとして，よりミクロな世界にまで関心の対象が広がったことになります。

　このように2歳児の人間関係の構築には，必ずしも大人が側にいる必要はなく，むしろ大人が見ていない子ども同士の関係性の中で，より強固に，そして広くなっていきます。

②保育者との関係で育つ人とかかわる力

　2歳を過ぎた頃になると，それまでの大人との信頼関係が個人の中に経験値として蓄積され，主体性をもって自分や他児とかかわるようになっていきます。保護者や保育者からすると，それまでの育児や保育が，その子どもにとって適切であったかどうか，子どもの姿を通して省察される頃かもしれません。

【事例9-3　私はせんせい（2歳児6月）】
　ある年の初秋，園庭での自由遊びの時間に2歳半のＥちゃん（写真9-3中央）は，友達（写真9-3左）と「おやまいこう！」と，仲良く園庭の高台へと続く階段を手をつないで上っていきました。すると，「ぼくもいく！」と，Ｆくん（2歳10か月，写真9-3右）が，あとから2人を追いかけていきました。階段付近まで行くと，Ｆくんは勢いあまって転倒し泣き出してしまいました。

写真9-3　学びの連鎖
出所：筆者撮影

　この時期の子どもは，それまで大人と一緒に経験してきた行動を自分や他児に向けて表現していきます。この事例では，友達と手をつないで階段の途中まで上っていたＥちゃんは，転んでしまったＦくんのところまで下りて行き，「だいじょうぶ？」と，Ｆくんをなぐさめました。す

▷4　平行遊び
他児と同じ場所で同じようなことをしているが，自分だけで遊んでいる状態。発達心理学者のパーテン（Parten, M. B.）が子どもの遊びの形態を類型化したうちの一つ。2〜4歳頃に多くみられる。

るとFくんはすぐに泣き止み，立ち上がって手についた土をはらいながら改めて3人で階段を上り始めたようです。

　2歳児は，こうした子ども同士の関係性が多くなっていく時期です。この年齢では，まだ思いやりという概念とは異なりますが，それでも，泣いている友達の頭をなでたり，保育者に「○○ちゃん泣いている」と知らせにきたり，他者の心情を敏感に察知することができるようになります。1歳頃までは，単に人に対する興味が高まっていく時期でしたが，2歳になると，相手の気持ちを想像したり立場を理解しようとしたりと，自分以外の他者の内面に対する関心が芽生え始めます。そして，他児が困っていたり，助けを必要としていると感じた場合，それまでに親から受けて心地よかった行為や，保育者が他児に行っていた愛他的行動を真似て実行します。

　事例9-3では，Eちゃんが保育者の行動を模倣していたことがうかがえます。写真9-3の場面の数日前，クラス内の友達同士が遊んでいた際，ある一人の子どもがケガをしてしまいました。幸い，大事に至りませんでしたが，保育者は子どもたちへの注意喚起として，「（肘内障を防ぐため）お友達の手を引っ張ってはいけない」と，帰りの会のときに子どもたちに伝えました。この保育者は，普段から子どもたちの手を引くのではなく，後ろから支えるような行動を心がけていました。この事実を受けて，改めて写真9-3の姿を見てみるとどうでしょうか。Eちゃんは，日常的な保育者の行動を見たり，帰りの会での話を覚えていたりしたのかもしれませんね。

　単に写真9-3だけを眺めると，一見，仲良く3人で手をつないで遊んでいるようにみえたかもしれません。しかし，実は先述したような子ども同士のやりとりが含まれていたのです。学生の皆さんは，保育所などでの実習の際，保育の一場面だけを見て，子ども同士の関係性やトラブルの要因を探そうと焦ってしまうかもしれません。現場の保育者は，トラブルなどが起きた場合であっても性急に判断は下さず，子どもの思いや考え，場面背景や子ども同士の関係性など，全体の文脈まで把握したうえで，子どもたちとかかわっているのです。

③集団の中での育ち

　この時期の子どもたちにとって，集団を維持することはなかなか難しいことです。「集団」は，その集まりを構成する成員（子どもたち）が互いに共通の目標に向かって影響し合い，その関係性が一定期間継続することを指します。2歳頃の子どもたちは，先の「子ども同士の関係」で述べたように，複数名で遊んでいるようにみえても，実はまだまだ自分

の世界を楽しんでいることが少なくありません。

　そこで，2歳児以降の子ども同士の人間関係を豊かにするために，保育者の支援が必要になります。この年齢の人間関係の特徴は，2〜3人程度の比較的小規模なかかわりを好むようになっていく点です。たとえば1歳児のボール遊びであれば，1人に1個のボールを準備することが望ましい環境構成になりますが，2歳児の後期になると，友達と自分の二者間でボールの往来をすることが可能になります。個人差があるため，ボールの往復が難しい場合には保育者が介入し手本となることで，少しずつ遊びの意味が子どもに伝わっていきます。

　集団での経験は，2歳児にはその維持が困難なため不要というわけではありません。2歳児の集団の中での育ちを支えるために，保育者は小規模な関係性を単位として互いにかかわる機会を提供したり，あるいは，異年齢児との交流の場を設定したりすることが重要です。その空間や時間を共有することで，年長児の遊び方やかかわり方を観察したり，楽しい雰囲気を感じたりすることができます。保育所保育指針などでは，「生活や遊びの中で，年長児や保育士等の真似をしたり，ごっこ遊びを楽しんだりする」◁5という内容が記載されています。2歳児にとって，自己主張が強い3歳児や創造的な遊びを得意とする4歳児，遊びや生活の仕方を優しく教えてくれる5歳児など，様々な機会に出会い多くの経験を積むことは，幼児期以降の個の発達に大きな影響を与えます。つまり，この時期の集団がもつ意義は，特定の友達以外の他者の考えに触れて，その存在を知ることです。それが「自分以外の他者を認める契機になる」ということです（写真9-4）。

写真9-4　2歳児の集団遊びの意義
出所：筆者撮影

▷5　保育所保育指針第2章「保育の内容」2「1歳以上3歳未満の保育に関わるねらい及び内容」(2)「ねらい及び内容」イ「人間関係」(イ)内容⑥

　一方，一人で遊び込める時間と空間を用意することも，幼児期以降の自立心や協同性の発達に向けて大切なことです。保育者は，集団の中で遊ぶ子ども一人ひとりを観察し，同じ活動の中であっても興味や関心，接し方，楽しみ方に個人差があることに気づきます。「人間関係」というと，友達同士が複数名で楽しく遊んでいる姿を想像するかもしれませんが，他児とかかわる主体は，その個人（自分）です。集団遊びに消極的な子どもを不安視する場合がありますが，自分一人の世界を好む傾向にある子どもがいることも必然です。2歳児は，運動機能や言語の発達が著しく，何でも一人でできるように感じることがありますが，まだま

だ未成熟な状態であることを忘れないようにしましょう。ときには甘えたくなったり，発達の揺り戻しが起きる時期であることを念頭に，幼児期以降の自立心の芽生えに備え，一人ひとりが満足のいく生活が送れるような環境整備を心がけましょう。

④幼児期以降の自立心・協同性・規範意識の芽生えに向けて

▷6　幼稚園教諭養成課程のモデルカリキュラム
現代における幼稚園教諭に求められる資質能力の視点から，養成課程の質保証を検討しようとするもの。

将来の保育者を目指す学生の皆さんを養成するための**カリキュラム**[6]の中に，3歳児以降の幼児期の自立心の育ち，協同性の育ち，道徳性・規範意識の芽生えについて，それぞれ発達の姿と合わせて説明できるようになることが到達目標として掲げられています。自立心や協同性などは，幼児期後期にかけて少しずつ身に付いていくものです。幼児期前期にあたる2歳児においては，そうした力が芽吹くための経験を積んでおくことが大切になります。

たとえば，前に述べた年長児とのかかわりが，自立心などの芽生えに強く影響を与えます。年長児との異年齢交流の経験が少ない場合，2歳児は年長児から可愛がられて面倒をみられる立場に終始します。しかし，異年齢交流の機会が豊富な場合は，年長児への憧れの気持ちが生じます。これは，2歳児の認知機能の高まりとも関連し，年長児の遊びの巧緻性（こうちせい）（巧みで上手な様子）に気づくことができるため，年長児を憧れや尊敬のモデル（対象）として考えるようになります。そのモデルに近づきたいという願望は2歳児の好奇心を刺激し，「じぶんはなんでもできる！」という感覚，いわゆる「幼児的**万能感**」[7]を引き出します。この感覚が原動力となって，2歳児の後半頃になると周囲のあらゆることに挑戦しようという意欲が高まり，自立心の芽生えに寄与します。

▷7　万能感
精神的には未熟な状態であるが，「自分は何でもできる」と思い込む感覚のこと。

協同性とは，簡単にいうと友達同士で協力して遊ぶことです。互いの思いや考えを共有し，協力したり工夫したりしながら共通の目標に向かってやり遂げる力を指します。その協同性の芽生えについても同様に，他者との交流，特に年長児との異年齢交流が影響をもたらします。ここまで述べてきたように，2歳児の頃は一般的に自他の区別がなされています。そして，個人差はあるものの，3歳児のはじめの頃からは他者の感情や内面にまで気づき始め，自分の気持ちを抑えたり，他児と調整しながら合わせたりするようになっていきます。複数名の4歳児が協調して巨大な作品をつくり上げる様子に触れたり，運動会や発表会などで5歳児たちが披露する組体操や協力してつくり上げる演目を見たりすることで，人とつながることの素晴らしさと必要性を感じていくのです。

▷8　愛他性
自分以外の他者の幸せを第一に思い行動すること。

道徳性や規範意識といった**愛他性**[8]は，主体的な芽生えが難しいと考えられていますが，年長児と多くかかわる経験は，その点にさえよい影響

を与えます。次に異年齢交流の機会を多く取り入れている園での様子を
みてみましょう。

【事例9-4　おにいさんデビュー（2歳児11月）】

　「せんせい，あの子だぁれ？」。普段園内で見かけない一時預かり保育の子
を見かけたGくん（2歳11か月）は担任の先生に尋ねました。すると先生が，
「Hくんっていって，保育所に遊びにきたんだよ。Gくんの方がお兄さん
だからいろいろ教えてあげてね」と話してくれました。

　　先生の言葉をきっかけに，Gくんは一時預かり児の側に行き，「これはこ
うやるんだよ」「どこからきたの？」など，たくさん話しかけ，積極的にか
かわろうとする様子がみられました。

　この事例で登場したGくんは，一時預かりで遊びにきていた自分より
年少のHくん（1歳児）に対して，自分が年長児の立場になってかかわ
ろうとしていました。その契機は，やはり保育者の支援（言葉かけ）で
した。Hくんは1歳児であり，保育者がGくんに伝えた「お兄さん」と
いう言葉が琴線に触れたようです。それまでは4，5歳児の園児たちか
らの世話を甘受する側であったGくんが一転，「なんでもやってあげた
い」という姿勢をみせ，Hくんが預かり保育を利用しない日にも，
「きょうは（Hくん）こないの？」と，残念そうに保育者に尋ねる日々で
した。

　この出来事の翌週，Hくんは2回
目の預かり保育を利用することにな
ります。写真9-5は，未就園児の
Hくん，1歳児クラスのIくん，G
くんの順で，園庭にある大型遊具の
階段を上る様子です。この遊具は，
階段を上った先が滑り台になってい
て，Gくんはその滑り台が園庭遊具

写真9-5　ぼくはおにいさん
出所：筆者撮影

の中で一番のお気に入りでした。その滑り台に続く階段を1歳児クラス
のIくんがはじめに上ろうとしていましたが，Gくんは，「Hくんがさ
いしょだよ！」と，Iくんを制止してHくんに譲るやりとりのあとの描
写です。この文脈を理解すると，Gくんが後方からHくんを心配そうに
見守っているように見えませんか。

　思いやりや規範意識という言葉がもつイメージとは少し遠い感覚かも
しれませんが，わずか2歳児の子どもの中に，自分以外の他者を優先す
るような考えが芽生えている様子を感じさせる場面でした。そのきっか

けとなったのは，保育者が発した何気ないひと言だったかもしれません。しかし，この事例でHくんに向けられた優しさは，年長児との異年齢交流の機会を日常的に採用している保育で学んだことが，Gくんの中に蓄積されている証拠だといえるでしょう。さらに，このGくんの姿から，2歳児の認知機能の発達についても理解することができます。Hくんが初めて保育所に遊びにきたとき，Gくんは保育者に「あの子だぁれ？」と尋ねていました。その様子から，「いつもは園にいない子ども」だと認識していることを意味します。ここで紹介した保育所は，100名ほどの子どもたち（在園児）が生活する場です。その人数をおよそ記憶し，自他を理解することができていることを意味します。

　また，後日談になりますが，Hくんは数か月の預かり保育を利用した後，この園に入園することになりました。その背景には，HくんがGくんとの園生活を楽しそうに話す姿や，保育者たちの声かけなどの丁寧な支援が保護者の安心につながったのかもしれません。

3　人間関係の育ちを支える援助とは

1　人と人との関係が育つということ

　人間は「人と人との間で育つ存在」だといわれています。そして，他者との関係が育つということは，「相手の好きな物や好きなことを知っていること，知りたいと思うこと」（岸井・酒井，2018）とされています。そうした人同士のつながりの中で，関係性の育ちは，他児や保育者，環境，遊びなどが相互に作用することによって形成されていきます。

　その中で，遊びと保育者の関係についてみると，子どもが一つの活動（同じ遊び）をしていても，一人ひとりの楽しみ方や感じ方に違いがあることに気がつきます。こうした子どもの機微[9]を読み取る力が，人間関係を育むための支援につながります。保育者は毎日の保育の中で子どもたちと密接にかかわることによって，その力が高まっていきます。まさに，子どもと保育者の相互作用によって，子どもたちに人間関係が育まれ，保育者はそれを育むための力が向上していくのです。

2　人間関係をめぐる現代的課題

　幼児期以降の人とのかかわりでは，言葉を使ったコミュニケーションの機会が増加します。この章の最後に，現代社会の中における子どもの言葉の発達について，その問題を考えていきましょう。

　ここまで紹介してきたように，2歳児以降は言葉による他者とのかか

▷9　機微
表面上はわかりにくい，わずかな心の動き。

わりが増加するため，言語発達が人間関係に影響を与える可能性があります。言葉の発達は，人間が生まれながらに備えている機能と後天的な学習によるものが強く関係しています。このうち，保育者が子どもの言語の発達について支援できるものは，後者の学習環境になります。とはいえ，学習環境といっても2歳児に物の名前を教え込むようなことではありません。私たち保育者ができることは，何気ない日々の中で子どもたちが発する「これ，なぁに？」という疑問に答えたり，なかなか言い表すことが難しい心情を代弁したりという支援が中心です。

　以前までは，上述したような支援を充実させることで，子どもたちの言葉の発達と人間関係を保証することができていました。しかし，昨今の情報化社会の中において，スマートフォンやタブレット端末などのデジタル機器の使用が，1，2歳児の言語発達に影響を与える可能性が指摘されています（菊地，2022）。スマートフォンなどの使用が言葉の発達に影響するというと，「子どものスマホ使用は，言葉の発達に悪影響だ」というイメージがあるかもしれませんが，ここで取り上げる課題は，保護者のデジタル機器との付き合い方です。最近の研究では，保護者が子どもの目の前でデジタル機器を長く使用するほど，子どもはメディアに対する興味が強くなり言語スキルが低下する傾向が報告されています。一方，保護者が子どもの目の前で機器操作をしない環境の場合，子どもの言語スキルは比較的高いことが示唆されています。また，子ども自身の継続的なデジタル機器の使用が，4歳児時点の言語理解に影響することも報告されています（水野・徳田，2020）。デジタル機器の使用頻度が高い子どもは，視覚的な情報に依存する傾向があり，素話などの聴覚に頼る状況においては言語理解が苦手なことが伝えられています。このように，デジタル機器は間接的な使用であっても，子どもの言語発達に影響する可能性があります。保育者あるいは保育者を目指す皆さんは，デジタル機器が子どもの言語発達，そして人間関係にまで影響する可能性を忘れずに，保護者支援にあたってほしいと思います。

　当然ながら，ここで紹介してきた事例は1，2歳児を知るうえで十分に語りつくしたということはありません。あくまでも保育所保育指針，幼保連携型認定こども園教育・保育要領やモデルカリキュラム，そして昨今の研究報告と結びつけた考え方を示すものであり，すでに現場で子どもたちを担任する立場の人々にとって，ここで紹介した事例が日々の保育の参考になれば幸いです。また，保育者を目指している学生の皆さんには，今回の学びを記憶に留め，理論と実践を結びつけながら保育現場での実習に臨んでほしいと思います。

演習課題

① 人間関係に関する次の事例問題を読み，あなたが各事例問題の中で，ここがポイントだと感じた箇所に下線を引いてみましょう。

② 次に，あなたならどのように対応するか記入してみましょう。

③ 2つの事例問題から1つを選び，模擬保育をしてみましょう。数名のグループをつくり，それぞれが保育者役，子ども役，保護者役になって事例を再現してみましょう。その際，②で考えた対応を取り入れてみるとよいでしょう。

【事例問題9-1　登園時のお母さんの気持ち（1歳児5月）】

　Jちゃんは，新入園児として4月から保育所にやってきたお友達です。入園から1か月が経過し，園生活にもだいぶ慣れてきた様子。ただ，毎朝の登園の際，保護者と離れることが苦手で，抱きかかえながら登園してきた母親のもとから離れようとせず，毎日泣きながら登園してきます。その後，やっとの思いで保育室に入ると，「それまで泣いていたJちゃんはどこ？」というくらい切り替えが早く，すぐに泣き止んで，お気に入りの玩具で楽しそうに遊び始める毎日です。

　Jちゃんの母親は，毎朝泣いているわが子の姿から，「保育所に馴染めていないんじゃないか……」と心配なようです。保護者の不安を軽減し，良好な関係性を維持するために，あなたならどのように対応しますか。

〈あなたの考えた対応方法〉

【事例問題9-2　楽しい給食の時間……のはずなのに（2歳児10月）】

　Kくんは保護者の仕事の関係で，年度途中の8月から保育所にやってきたお友達です。途中入園のため，Kくんが他の友達やクラスの雰囲気に馴染めるか，保護者も保育者も不安でしたが，Kくんの持ち前の活発さを発揮して楽しそうに園生活を送っています。自由遊びや製作活動などには積極的なKくんですが，一つだけ苦手なことがあります。それは給食の時間です。この保育所では，毎日給食が用意されますが，Kくんは入園してからこのひと月，白米にしか手をつけていません。保育者は毎日，「これ（おかず），ちょっとだけ食べてみる？」と促しますが，頑なに食べようとはしません。家庭での様子を保護者に尋ねると，「ごはん以外も出されたものは何でも食べている」とのこと……。

このような状況がKくんにとってストレスになっているようで，午後の遊びの時間は，友達を攻撃する姿が目立ってきました。あなたがKくんの担任なら，どのような支援を心がけますか。

〈あなたの考えた対応方法〉

引用・参考文献

菊地一晴（2022）「子どものデジタルデバイスの接触時間と言語スキルの関係
　　──第1報：幼児期初期」『日本発達心理学会第33回大会論文集』336頁

岸井慶子・酒井真由子（2018）『コンパス保育内容　人間関係』建帛社

水野智美・徳田克己（2020）「スマホ使用が幼児の言語発達に及ぼす影響」電
　気通信普及財団『研究調査助成報告書』35

第10章　3，4，5歳児における人とのかかわりの発達と保育者の援助

学びのポイント

●1，2歳児に比べて月齢による個人差は少なくなってきますが，発達の違いや個性によって援助の仕方が大きく変わります。学級で過ごすことも意識した園生活の中で，子どもの発達に適した援助について考えましょう。
●保育者等は，どのような意図をもって子どもにかかわっているでしょうか。それにより一人ひとりの育ちや学級の育ちが変わってきます。
●自立心や協同性が育まれる人間関係を支える保育のあり方についても考えましょう。

　　ここまで乳幼児期における人間関係の中で何を大切にしていくべきかということを学んできました。この章では，3，4，5歳児の事例を通して保育者の援助を考えていきます。保育者は，幼児理解をもとに，意図をもって援助をしています。以下の事例に挙げられた援助をもとに，自分だったらどのような意図をもって援助をするかを考えてみましょう。

1　3歳児──一人ひとりの経験から

1　3歳児の特徴

　自分でできることは自分でやってみたい。そんな気持ちがわいてくるのが3歳児です。また，自分と同じようなことをする同年齢の友達のことが気になり，一緒のことがしたくなる様子がみられます。

　この時期の遊びの多くは，場を共有しながらそれぞれが独立して遊ぶ，いわゆる平行遊びですが，平行して遊びながらほかの子どもの遊びを模倣したり，遊具を仲立ちとして子ども同士でかかわったりする姿もあります。ときには遊具の取り合いからけんかになることもありますが，徐々に友達と分け合ったり，順番に使ったりするなど，きまりを守ることを覚え始めます。こういった経験を繰り返しながら，しだいにほかの子どもとの関係が，子どもの生活や遊びにとって重要なものとなってきます。そして，徐々にかかわりを深め，共通したイメージをもって遊びを楽しむようになります。

2　一人ひとりの意欲や経験に応じた保育者の援助

　3歳児クラスの子どもは，月齢や経験等によって，生活や遊びの仕方が大きく違います。しかし，自分でやりたい気持ちや自分でできたことで満足する気持ちは同じようにもっています。そして，自分のしたいことが思うようにできないと，腹が立ったり，悲しくなったりします。できたときにはうれしい気持ちが意欲や興味関心につながり，一人ひとりの世界を広げます。このような気持ちの揺れを一つずつ大好きな大人に受け止めてもらって，自分のやりたいことができるようになることや友達の存在に気がつくことが，友達とのかかわり，友達の言動を理解する第一歩になるのです。

　保育所に通う3歳児と違い，幼稚園に通う3歳児にとって，園は保護者から離れて過ごすはじめての社会になります。それまでの家庭での環境は様々です。何でも保護者がやってくれていたという子どももいますし，自分のことは自分でやるようにと育ってきた子どももいます。幼稚園に通う3歳児は，生活習慣に関して，個人差がとても大きいといえるでしょう。保育者は，一人ひとりの意欲や手先の器用さ，そのときの状況等に応じて丁寧に対応していくことが求められます。

【事例10-1　ひとりでできた（3歳児9月）】

　お帰りの時間になると，制服に着替えて帰ります。Aくんは制服をはおったものの，周りをぼーっと見ていて，なかなかボタンをとめようとしません。担任の保育者は，ときどきAくんに「ボタン，がんばれるかな？」「これから絵本を読むから，制服着ちゃおうか」などと声をかけますが，なかなか着替えに気持ちが向かない様子。クラスのほとんどの子どもたちは支度が終わり，椅子に座って絵本を見る体勢になっています。副担任の保育者が，今日は気持ちが向かないのかと思い，「Aくん，今日はボタン手伝おうね」と言ってボタンをかけたところ，急に「ひとりでできる〜」と大きな声で泣きはじめました。副担任は「そうだったんだね。Aくん，いっぱい遊んで疲れてるのかなって思ったからお手伝いしたんだよ。ひとりでできるもんね」と言ってボタンを外しました。Aくんは泣き止み，おぼつかない手で一生懸命に自分でボタンをかけました。時間はかかりましたが，ボタンをとめることができ，Aくんは副担任のところに見せにきました。「わー，Aくんひとりでできたね」と言うと，Aくんはうれしそうににっこり笑いました。[1]

　Aくんは生まれ月も遅く，マイペースで，思っていることがほかの人に伝わりにくいところがあります。副担任は，クラス全体の流れやAくんの様子を見て，今日は「自分でやるのは無理そうかな」と判断して手伝ったのですが，Aくんの思いとは違ったようでした。Aくんの思いを

▷1　幼稚園教育要領解説第2章「ねらい及び内容」第2節「各領域に示す事項」2「人との関わりに関する領域『人間関係』」「内容」(3)

知って，Aくんが満足できるようにと援助の仕方を変えました。いずれは，周囲の様子を見て時間内に行うことにも気づいて欲しいと思いながら，今は自分でやることに対するAくんの思いを大切にしたのです。

園の環境の中では，友達が自分で行う様子が目に入ったり，保育者がほかの子の手伝いをしている間に自分でやってみる時間ができたりと，自分で頑張ってみようとする意欲をもちやすくなります。保育者は子どもが頑張っている姿を認め，「自分でできた」という喜びに共感していくことで，さらなる意欲につなげていきたいと思います。

保護者にも，なるべく子どもが自分でできるようにしていくことや，たとえば着脱の仕方を身に付けさせたいと思ったら，子ども自身が着脱しやすい洋服を用意してあげるなど，子どもが自分で取り組みやすいものを用意すると，できた喜びを得やすく，意欲につながりやすいことを伝えるようにします。園と家庭が連携して生活習慣面の自立を考えていくことが必要です。

2 　4歳児──友達の思いに気づく

1　4歳児の特徴

まだまだ個人差はありますが，周囲の人に興味関心をもち，かかわりをもつようになります。友達との遊びの中で，同じ行動をとったり，相手に合わせながら遊ぶ行動が増えてきます。ごっこ遊びも楽しめるようになってきます。

この時期の子どもは，想像力の広がりにより，現実に体験したことと絵本など想像の世界で見聞きしたこととを重ね合わせたり，心が人だけではなく他の生き物や無生物にもあると信じたりします。その中で，イメージを膨らませ，物語を自分なりにつくったり，世界の不思議さやおもしろさを味わったりしながら遊びを発展させていきます。また，大きな音や暗がり，オバケや夢，一人で取り残されることへの不安などの恐れの気持ちを経験します。子どもは様々にイメージを広げ，友達とイメージを共有しながら想像の世界の中でごっこ遊びに没頭することを楽しみます。

2　葛藤の経験

自分と他人との区別がはっきりとわかり，自我が形成されていくと，自分以外の人をじっくり見るようになり，同時に見られる自分に気づくといった自意識をもつようになります。自分の気持ちを通そうとする思

いと，ときには自分の思った通りにいかないという不安やつらさといった葛藤を経験します。このような気持ちを周りの大人に共感してもらったり，励まされたりすることを繰り返しながら，子どもは友達や身近な人の気持ちを理解していきます。

3　自己主張と他者の受容，友達との関係を支える　保育者の援助

　子ども同士の遊びが豊かに展開していくと，子どもは仲間といることの喜びや楽しさをより感じるようになり，仲間とのつながりが深まっていきます。同時に，競争心も生まれ，けんかも多くなります。自己主張をぶつけ合い，悔しい思いを経験しながら相手の主張を受け入れたり，自分の主張を受け入れてもらったりする経験を積み重ねていきます。自己を十分に発揮することと，他者と協調して生活していくという，人が生きていくうえで大切なことを子どもはこの時期に学び始めるのです。主張をぶつけ合い，やりとりを重ねる中で互いに合意していくという経験は，子どもの社会性を育てるとともに，子どもの自己肯定感や他者を受容する感情を育んでいきます。一人ひとりの様々な気持ちを受け止めながら，友達との関係が心地よいものになっていくように支える保育者の援助が大切になります。

　どんなに仲が良くても，友達には友達の，自分とは違う思いがあることに気づくのが，4歳児の頃です。自分がその遊びが好きだからといって，仲良しの友達もその遊びが好きだとは限りません。一人でも自分の好きな遊びをするか，仲良しの友達と一緒に遊ぶことをとるかで悩む時期です。

【事例10-2　一緒にやろうって言ってたのに〜（4歳児11月）】

　古代生物とサッカーが大好きなRくん。ある日ブロックで，古代生物をつくりました。「先生，これアノマロカリスだよ」。古代生物に関してまったく知識がなかった保育者は，古代生物の図鑑を用意してみました。Rくんはそれから図鑑に夢中になり，いろいろな生物をブロックでつくりはじめ「古代生物の博物館をつくりたい」と言い出しました。Rくんと仲良しのMくんは，サッカーには興味があるものの，古代生物についてはあまり興味をもてません。最初はRくんと一緒に博物館をつくっていましたが，途中でサッカーをしに外へ行ってしまいました。博物館ごっこはRくん一人。「先生，これ，○○だよ」。何かつくっては保育者に見せにくるRくん。保育者と作品を並べ，名前を書いてその作品の前に飾りました。お客さんを呼びましたが，古代生物は難しすぎるのか，あまり盛り上がりません。次の日も博物館を開きましたが，Mくんは外へ行ってしまい，Rくんは大泣きしました。「Mくん

▷2　幼稚園教育要領解説第2章「ねらい及び内容」第2節「各領域に示す事項」2「人との関わりに関する領域『人間関係』」「内容の取扱い」(4)

が一緒にやってくれない。一緒にやろうって言ってたのに〜」。保育者はMくんに話をしましたが，「サッカーをしたい」とのこと。Rくんはしばらく泣いていましたが，古代生物博物館を片づけて，Mくんと一緒にサッカーをしに外へ出ていきました。◁2

　いつも一緒に遊んでいたRくんとMくん。最初Rくんは，自分が好きなものはMくんも好きで，一緒にやってくれるものと思い込んでいたようでした。Mくんも，はじめはRくんと一緒に遊ぼうと思っていたのでしょう。しかしMくんにはMくんの思いもあります。好きなサッカーをしたくなってしまったようでした。もう少しいろいろな子どもが興味をもちやすい遊びであったら，Rくんの人間関係を広げるよい機会になったかもしれません。しかし，なかなか一緒にやってくれる子どもを見つけられませんでした。

　結局，Rくん自身が，MくんにはMくんの思いがあることを理解し受け入れたうえで，Mくんとの遊びをとることを決めたのです。

　友達と一緒に遊ぶことの楽しさがわかっているRくんであるからこそ，保育者では物足りず，友達と一緒に遊びたかったのだと思います。

　このようなとき，保育者は直接的な援助はできませんが，子どもたちを見守り，支えていくことが大切だと思います。

3　5歳児——友達との関係の中で

1　5歳児の特徴

　基本的な生活習慣が身に付き，生活に必要な行動のほとんどを一人でできるようになってきます。大人に指示されなくても生活の流れを見通して行動する充実感も味わいます。また，周りの人の役に立つことをうれしく感じ，仲間の一人としての自覚も生まれてくるでしょう。

　遊びや生活を通して，少し先を見通しながら目的をもった活動を友達と行うようになり，仲間の存在がますます重要になります。そして，目的に向かって楽しく活動するためには，それぞれが自分の役割を果たし，きまりを守ることが大切であると実感していきます。こういった集団活動の中で，言葉による伝達や対話の必要性が増大し，仲間との話し合いを繰り返しながら，自分の思いや考えを伝える力や相手の話を聞く力を身に付けていきます。主張のぶつかり合いやけんかが起きても，すぐに大人に頼らず，自分たちで解決しようとする姿がみられるようになります。その結果，仲間の中で新たな目的が生じ，それぞれの子どもの役割

に変化や発展がみられるなど，集団としての機能が高まっていきます。

2　友達との関係を深める保育者の援助

　集団での活動の高まりとともに，子どもは仲間の中で様々な葛藤を体験しながら成長します。そして一人ひとりの成長が集団の活動を活発なものに変化させ，そのことにより，個々の子どもの成長が促されていきます。子どもはしだいに仲間が必要であることを実感し，仲間の中の一人としての自覚が生まれ，自分への自信と友達への親しみや信頼感を高めていきます。

　この頃になると，仲間の意思や仲間の中で通用する約束事が大事なものとなり，それを守ろうとします。ごっこ遊びを発展させた集団遊びが活発に展開され，遊びの中で役割が生まれます。子どもはその役割を担うことで，協同しながら遊びを持続し，発展させていきます。また，子どもはごっこ遊びの中で，手の込んだ流れと様々な役割を考え出し，遊びはより複雑なものとなっていきます。そして，こうした遊びを試行錯誤しながらも満足いくまで楽しもうとするようになります。

　仲間の一員として認められ，遊びの楽しさを共有するためには，もてる知識を総動員して創意工夫する主体的，自主的な姿勢や自由な発想が必要となります。また，友達の主張に耳を傾け，共感したり意見を言い合うこととともに，自分の主張を一歩譲って仲間と協調したり，意見を調整しながら仲間の中で合意を得ていくといった経験も重要となります。

　5歳児は，社会生活を営むうえで大切な自主と協調の姿勢や態度を身に付けていく時期であり，こうした姿勢や態度が生涯にわたる人とのかかわりや生活の基礎となっていきます。

　保育者や仲間との生活の中で，一人ひとりが十分に自分らしさを出しながら過ごし，様々な体験を積み重ねてきた5歳児は，園生活を自分たちのものとして，仲間との関係性の中で，自分の思いを仲間に伝えたくなったり，相手の思いを感じて動こうとしたりする姿がみられるようになってきます。

【事例 10-3　友達の気持ちがわかる（5歳児7月）】

　自分たちの遊びの中で，思い切り走ることや，バトンを仲間にわたして走る「エンドレスリレー」などを繰り返し楽しんでいたことから，担任は学級のみんなで「リレー遊び」に取り組むことにしました。1チームが4～5人になるように分かれました。子どもたちは，リレー遊びでは，一人ずつ順番に走るということは遊びの経験を通して理解していました。一方で，他チームと競争するために，どんな順番で走るかどうか……など，そこまでの意識

はありません。まだ，リレーの経験が少ないため，チームの仲間意識やチームの仲間のメンバーの理解，相手チームへの意識や勝つための作戦への思いなどは，芽生えていないからです。担任はそのことを踏まえつつも，チームの中でどんな順番で走るのかを決めるように子どもたちに伝え，見守ることにしました。

　Bくんは外国籍の子どもでした。入園当初はほとんど日本語がわかりませんでした。そのため，自分の思い通りにならないと「アングリー」と怒って表したり，その場から離れたりしていました。それでも製作が得意なBくんのつくるものは魅力的で，ほかの幼児はそのようなBくんに一目置いている様子もありました。

　Bくんのチームは4人で，BくんとCくんが「1番を走りたい」と主張し，ジャンケンで走順を決めることになりました。BくんとCくんがジャンケンをし，Bくんは負けてしまいました。すると，Bくんはさめざめと泣き始めたのです。その様子に，同じチームの仲間たちは少し驚いたような表情を浮かべていました。それは担任も同じでした。いつもであれば，このようなときは，怒ってその場からいなくなってしまうことが予測されたからでしょう。泣いて気持ちを表すBくんの姿から，"怒る"よりも"悲しい"というBくんの気持ち……それは，単純に思いが通らないということよりも，みんなでリレーをやりたい！1番に走りたい！という，Bくんの活動への意欲や思いが溢れる様子を見取った担任は，少し様子を見守ることにしました。

　同じチームの仲間であるDくんは，学級の中でもリーダー的存在です。その場の状況をみて，的確な考えを表していく姿に，周りの幼児も納得して遊びを進める場面がよくみられています。このときも，なかなか泣き止まないBくんの様子を見守りながら，「Bくんがいないと，リレーできないよ」と説得しようとしながら，Bくん抜きで始めようとせずに，泣き止むのを待っています。また，おっとりとした性格のEくんは，残された2番のゼッケンを見ながら，「2番ってさ，1番の次にいいんだよ〜」と伝えています。Eくんなりにβくんを慰めようとしていたのかもしれません。

　すると，その様子を黙って見ていたジャンケンに勝ったCくんが，突然身に着けていた1番のゼッケンを脱ぎ始めました。Cくんは感情のコントロー

ルが難しい面があり，支援員が傍に付いています。思わず支援員と担任は目を合わせて「まずい！」と思いました。なかなかリレーが始められない様子に，Cくんが痺れを切らして，みんなで一緒にリレーに取り組めなくなってしまうかもしれないと思ったからです。

　ところがCくんは，脱いだゼッケンを黙ってBくんにわたそうとしたのです。日常とは少し違ったこのようなCくんの姿からは，Cくん自身も，いつもと違うBくんの姿から何かを感じ取った様子がみてとれました。

　しかしBくんは差し出された1番のゼッケンを，Cくんから受け取ろうとしません。支援員も思わず「Cくんは，Bくんに1番をゆずってあげようと思ったのかな」と言葉にしました。Bくんの表情は少し複雑でした。するとおもむろに，Bくんは残されていた2番のゼッケンを，自分から手にして身に着け始めました。Bくんが自分で気持ちに折り合いをつけた姿でした。ようやく，4人は納得して走る準備にとりかかりました。

　4人でリレーの走順を決める……ただそれだけのことかもしれませんが，この事例では，その中に4人それぞれの思いがあり，心を動かしていることがわかります。Bくんは，はじめは仲間と一緒にやりたい気持ちの中で，自分の思いが溢れ出してしまいました。しかし，それぞれの仲間の思いに触れる中で，自分の思いを調整していく姿に変わっていきました。Cくんもまた同様です。日頃自分の思い通りに進まなければ取り組むことが難しい面がありながらも，いつも思いを通そうと怒って表しているBくんの泣いて悲しむ姿から仲間の思いを感じ取って，仲間との中で自分ができることを考えて動いたのではないでしょうか。Dくんは何とかBくんが仲間と一緒にできるように，Bくんを奮い立たせようと言葉をかけていたように考えられますし，EくんはEくんらしさを発揮しながら，前向きな言葉をBくんに伝えています。

　このように，リレーの走順という同じものをみつめていても，そこに生まれる一人ひとりの思いは様々にあるということを，直接的なかかわりを通して子ども自身が感じ取っています。それぞれに思いがあって，その思いを伝えたい仲間が傍にいるからこそ，感情の交流が生まれてくるのでしょう。心を動かす出来事を仲間と共有することで，相手の感情に気づくことができるようになっていくのだと考えます。

　またもう一つ，この事例で着目することは，保育者が一人ひとりの幼児の発達や特性をとらえながら予測し，"どこまでを子どもに任せていくのか"を見通しながら見守っている姿です。表にはみえにくい感情の動きも読み取りながら，子ども同士の感情の交流を支えています。

　さらに学級全体での活動では，このような一部の出来事によって進行が滞ってしまう際に，全体を進めることに重きを置いてしまうことがあ

るかもしれません。それでも，今はこの出来事こそが子どもの育ちの可能性としてとらえ，子ども同士が乗り越えようとしていることに期待をかけて，その時間の保障をしていくことが大切です。この事例でも，Bくんのチームに時間がかかっている間，支援員と連携をとり，担任の保育者は，すでに準備ができている他のチームにもこの出来事を伝えていました。この出来事を学級経営の視点からもみつめながら動いています。学級全体での活動の機会をとらえ，学級集団としての人間関係の育ちも支えていくことを意図しています。

　さて，ようやく走順が決まり，学級のみんなでのリレー遊びがスタートしました。その結果，Bくんのチームは1位にはなれませんでした。BくんもCくんも1位にこだわる傾向がありましたが，このときは結果を受け入れている様子でした。時間をかけて走順を決めたことで，それぞれが自分の思いを十分に表し，そのうえで納得して，仲間と共に活動に向かえたからではないでしょうか。

　5歳児では，子ども同士で試行錯誤しながらも，一緒に実現に向かおうとする過程をとらえて，その機会を保障していくことが大切です。そのためには，一人ひとりの子どもがどのように自己を発揮しているか，また友達とのかかわりの状況がどのような様子であるかを見極め，どの部分に手を差し伸べるかを判断することも求められるでしょう。単に活動を共にすることだけでなく，ときに困難が生じそうな状況なども想定しながら，子ども同士で乗り越えようとする機会や経験を大切にしたいと考えます。

4　小学生との交流

1　交流の意義

　小学校との円滑な接続のためには，幼児と児童の交流の機会を設け，連携を図ることが大切になります。特に5歳児が小学校就学に向けて自信や期待を高めて，極端な不安を感じないように，就学前の幼児と児童が共に活動する，就学前の幼児が小学校の活動に参加する等の交流活動も意義のある活動です。[3]

2　主体的な参加と互恵性のある交流のために

　交流活動をするためには，子ども同士の交流だけではなく，幼稚園・認定こども園・保育所・小学校の合同研修，幼稚園教諭・保育士・保育教諭・小学校教諭の交流を進め，**互恵性**[4]のある交流を計画することが大

▷ 3　幼稚園教育要領第1章「総則」第6「幼稚園運営上の留意事項」3の学校間の交流や障害のある幼児との活動を共にする機会を参照のこと。

▷ 4　互恵性
幼児・児童どちらにとっても意味のある活動になること。交流活動における幼児の「ねらい」と児童の「ねらい」（目標学習の目あて等）が相互に設定され達成に向かうよう交流活動の内容や展開を工夫・配慮していくことが大切であること。

切です。そうすることで，子ども同士が主体的に参加し，主体的に役割を担い，互いのよさや大切さを実感する場になっていきます。参加する両者が主体的にかかわることにより，互いに成果を感じる交流になっていきます。

　近隣の小学校等と連携して，幼児と児童の交流を進めている園も多いと思います。そこには，同年齢の友達とのかかわりでは得られない体験があることでしょう。児童とのかかわりを通して，幼児がどのようなことを感じているのか，どのような体験をしているのか，小学校の教員とも共有してとらえながら，児童との交流の機会を生かし，人とかかわる力を豊かに育てていきたいものです。

> **【事例10－4　憧れと自信（5歳児・小学5年生5～7月）】**
> 　この幼稚園では，併設する小学校の5年生と5歳児が交流をしています。就学の際に，1年生と6年生という関係性を見越して設定をし，5歳児は小学生に対する憧れをもちながら，就学への期待につなげていくことや，5年生は次年度最上級生として1年生を迎える期待や自覚を育てていくことをねらっています。年度当初に，幼稚園教諭と小学校教諭とが合同で交流の年間計画を立案します。段階的に相手に対して親しみを深めていけるように見通して計画を工夫します。相手を意識できるようにペアを決めて，ペア活動を中心に進めていきます。さらにそのペアは，幼稚園教諭と小学校教諭が互いに幼児・児童の理解を伝え合い，ペアとのかかわりを通して育ってほしい姿について相互理解を図りながら決めています。
> 　5歳児のFちゃんは，頭の回転が速く，学級の幼児とのかかわりにおいて主導しようとする傾向がありました。周囲の情報をキャッチする能力が高いのですが，一方でそこに自分の感情が追いついていかない姿もみられていました。想定していないことが起こると，思い通りにならなかったら……と不安が働くのか，その思いを否定的な態度で表していました。特に人とのかかわりにおいては想定外のことばかりですから，素直に思いを表すことができなかったり，攻撃的な態度をとって，相手といざこざを起こしたりすることがありました。
> 　そのようなFちゃんの姿をとらえ，幼稚園の担任は5年生の担任に，Fちゃんのペアの相手には，そのようなFちゃんの姿を丸ごと受け止められるような包容力があり，なおかつ，Fちゃんのよくない行動に対しては毅然として対応できるような児童が望ましいことを伝えました。少々難しい要望であるようにも思いましたが，5年生の担任は，小学校での縦割り活動の様子から年下の児童の相手が得意で，対応の温かさも備えたNさんをペアの相手として推薦してくれました。
> 　交流がスタートしました。Fちゃんは期待と不安でテンションが高く，Nさんにかかわろうとしていました。Nさんは少し戸惑いながらも，Fちゃんを膝の上に乗せるなど身体全体で丸ごと受け止めようとしていました。ふれ

あい遊びをしたり，一緒に水遊びを楽しんだりする交流を重ねていく中で，Ｆちゃんはさんに対する親しみが増していきました。それと同時にＮさんがＦちゃんの思いを受け止めてくれることがうれしく，ペアの活動においてもＦちゃんは自分の思いのままに行動しようとする姿がみられました。その様子を受けて，幼小の担任同士で振り返りをした際のことです。「Ｆちゃんはさんのことが大好きで，さんに甘えている。親しみをもってかかわろうとしているけれど，自分の思いばかりで，さんのことを考えたり感じたりする場面はあるのかな……」。すると，５年生の担任から「相手に合わせるばかりでなく，Ｎさん自身も"一緒に楽しむ"という思いがもてるように声をかけていこうと思います。Ｎさんが自分の思いを伝えたり，力を発揮したりできるように，活動内容も工夫していけるとよいですね」という話し合いがされました。

　次の交流では，夏祭りに使う提灯づくりの製作が行われました。提灯の飾りつけで材料を選んだり，組み合わせたりする部分では，互いの考えを出し合いながらつくるように指示が出されました。最初はいつものように自分のペースで進めようとしていたＦちゃんでしたが，Ｎさんが「こういうふうに重ねて貼りたいんだ。おもしろい模様ができるよ」と提案していました。するとＦちゃんは手を止めて，Ｎさんが取り組む様子を見つめます。「あ〜いいね！」そう言うとＦちゃんもＮさんの提案を受けて，自分も組み合わせを考えながらつくり始めました。また，相手に手伝ってもらわないとやりにくい部分や，細い糸を結び合わせるなど幼児の力では少し難しい部分がありました。Ｆちゃんは，取り組む前から自分の中で上手くいかないと思うことがあると，「もう！こんなことやらせる先生が悪い！」「○○くんが△△だから，やる気がなくなるの！」などとわざと悪態をついて，今の状況から逃げ出そうとする傾向がありました。このときも，丸めた紙が広がってしまい，ホチキスで上手く止められずに憤りを感じている姿がありました。するとＮさんはそれに気づいて紙を押さえてあげていました。Ｆちゃんは「あ！ありがとう……」とホッとしたように，つくり続けることができました。保育者はそんな場面をとらえながら，「Ｎさんがいてくれてよかったね。Ｆちゃんにありがとうって言われて，Ｎさんもうれしそうだったよね」とＦちゃんにささやきます。できないことがあっても，相手がいてくれるからできたといううれしさや達成感が感じられるように支えていきました。

Ｆちゃん　Ｎさん　　保育者　小学校　Ｆちゃん　Ｎさん
　　　　　　　　　　　　　　　教諭

　ペアという存在は，反応してくれる相手がそこにいてくれるというよさがあるでしょう。しかし，年上の友達だからといって，何でも言うことを聞いてくれる相手というわけではありません。Fちゃんはとても力のある子でしたので，自分は何でもできなくては，一番でなくてはと思い，だからこそ頭の中で思っていることと，実体験のギャップに戸惑いが大きかったのかもしれません。

　段階的な交流活動を通して，Nさんの力やよさに触れて憧れの気持ちをもったり，できないことがあっても，周囲に甘えて頼ったり，一緒に取り組んでくれる仲間がいることで安心して進められたりすることを経験することができました。Fちゃんのようなケースの場合，同年齢のかかわりにおいてはかなわない部分があるとすれば，5年生の力を借りた異年齢のかかわりを通して得られる経験を生かすということも非常に有効であると考えます。また，保育者側も同年齢同士でのかかわりではなかなかみられなかった，自分から膝の上に乗ったり甘えたりするFちゃんの姿を見て新たな一面を発見し，指導の工夫・改善に生かしていこうと振り返っていました。

　その後，Fちゃんは学級集団においても，自分が困ったこと，不安な気持ちを少しずつ素直に言葉に表すようになってきました。保育者も，Fちゃんの不安な気持ちや，習慣のように強い態度で表してしまう姿を受け止めながら，"そういうときは，こんなふうに言えば伝わるよ，かかわると楽しくなるよ"ということをそのつど伝えたり，友達同士のかかわりにおいて支えたりする援助を積み重ねていきました。直接的な体験を重ねること，またそれが保育者や学級の友達，異年齢の友達などいろいろな人とのかかわりを通して気づいたり，感じたりする相互作用の中で，Fちゃんの頭の中だけでめぐっていたものが，実体験をともなうことで確かな自信となり，不安があったとしても安心して自分の力を発揮しようとする姿に変化していったのではないかと考えます。

　学校間の交流等は，異年齢児とのかかわりなど日常の園生活では体験できないようなことが可能となりますが，交流活動を実施して終わりでは豊かな体験を得ることは難しいでしょう。この事例でも，交流後の子どもの姿を保育者と小学校教諭同士で共有し，相互のねらいや方法，何が必要でどんなことを育てていきたいのかを明確にしながら，次の交流活動に反映させていました。そして，交流活動の体験を園生活にどのようにつないでいくのかという視点ももち，指導の工夫・改善に生かしています。児童とのかかわりを通して，相手の良さや自分の良さに気づいたり，人に対する信頼感や思いやりの気持ちが芽生えていくように，計

画的で継続的な交流活動が展開されることが大切です。

演習課題

①　3歳児の事例10-1では，保育者がどのような意図で子どもにかかわっているでしょうか。グループで話し合いましょう。

②　4歳児の事例10-2では，MくんとRくんがかかわりながら遊ぶ様子が書かれています。グループで，Mくんの興味や思いとRくんの興味や思いを付箋に書いて整理してみましょう。

③　5歳児の事例10-3からそれぞれの子どもの言動をとらえます。4人の子どもたちの言動の変化について整理してみましょう。グループで付箋に書き出しながら整理をしてみましょう。

④　事例10-4の小学校の交流では，Fちゃんが，実体験をともなうことで確かな自信となり，安心して自分の力を発揮しようとする姿に変化していく様子がとらえられています。Fちゃんの変容と保育者の意図やかかわりを付箋に書き出してグループで共有しましょう。

第**11**章　人とのかかわりが難しい　子どもへの支援

学びのポイント

●人とのかかわりが難しい原因を考えてみましょう。
●多様性についての理解を深めましょう。
●「集団の中で育つ」ことについて考えてみましょう。

　近年，保育の現場では，人とのかかわりが難しい子どもたちが増えています。そこには障害と診断を受けている子どもばかりでなく，様々な発達の偏りがみられる子どもや，養育環境による問題を抱える子ども，外国籍の子ども，そして，その多様性を受け入れることのできない周りの子どもたちや大人の複雑な関係性が影響しています。

　この章では，特別支援教育と多様性について第1節で学び，第2節で障害のある子どもへの支援，第3節で外国籍の子どもへの支援について触れていきたいと思います。

1　特別支援教育と多様性

1　特別支援教育の推進

　文部科学省では，特別支援教育は「障害のある幼児児童生徒の自立や社会参加に向けた主体的な取組を支援するという視点に立ち，幼児児童生徒一人一人の教育的ニーズを把握し，その持てる力を高め，生活や学習上の困難を改善又は克服するため，適切な指導及び必要な支援を行うものである。また，特別支援教育は，これまでの特殊教育の対象の障害だけでなく，知的な遅れのない発達障害も含めて，特別な支援を必要とする幼児児童生徒が在籍する全ての学校において実施されるものである◁1」と記されており，新たに施行された「こども基本法」（目的）では，「（前略）次代の社会を担う全てのこどもが，生涯にわたる人格形成の基礎を築き，自立した個人としてひとしく健やかに成長することができ，心身の状況，置かれている環境等にかかわらず，その権利の擁護が図られ，将来にわたって幸福な生活を送ることができる社会の実現を目指して（後略）◁2」と記されており，誰もが豊かな教育を受ける権利を有することの重要さが記されています。最近は，「**インクルーシブ教育**◁3」とい

▷1　文部科学省「特別支援教育の推進について（通知）」（2007）

▷2　こども基本法第1条

▷3　**インクルーシブ教育**
人間の多様性の尊重等の強化，障害者が精神的および身体的な能力等を可能な最大限度まで発達させ，自由な社会に効果的に参加することを可能にするとの目的のもと，障害のある者と障害のない者が共に学ぶこと。

135

う言葉も多く聞かれるようになり，今後の教育課題の一つでもあります。

2　多様性の尊重

　現在は多様性に対する理解が深まりつつあります。様々な社会，民族的背景，性別，年齢，人種，経験，趣味嗜好などが異なる人が存在する集団の中で，その個性が認められていくということですが，幼児期の集団の中でもその多様性を受け入れ合っていきたいものです。私たちが何気なく当たり前に行っていることが，多様性を受け入れることに影響を与えていることが，次の事例からわかります。

> **【事例11-1　嗜好の多様性を理解する（3歳児9月）】**
> 　3歳児の男児A児は入園当初から，お姫さま等のキャラクターが好きで，手提げのバッグや傘などもピンクの可愛いものを持参していました。担任が，「お姉ちゃんからもらったのかな？」と聞くと，「ぼくのだよ」と答えたため，職員間ではA児の好みとして受け止めていました（母親にも確認済み）。
> 　3歳児のクラスでも会話が増えてきた9月，B児が「ねえ，Aちゃんが女の子みたいなやつもってる！」と他の幼児に知らせました。すると，近くにいたC児はすかさず「Aちゃん，ピンクが好きなんだよね」と言い，A児も「ピンク好きなんだ！」と答え，顔を見合わせました。そこで担任が「そうだよね，どんなものが好きでもいいんだよね。先生は電車が好きなんだよ」と言うと，B児も「あ，ぼくも，お人形好きだった」と言って，にっこりしました。

　このように，多様性を受け入れるという感覚は，周囲の大人の価値観が日常の会話の中で子どもたちに受け継がれます。普段からこの保育者は，いつかこのように他の子どもが言い出すのではないかと予測し，「Aちゃんはピンクが好きなんだね，いいね，先生もピンクが好きだけど，みどりも好きなの」と，言葉に出していたと言います。

　そもそも予測をしていたということは，保育者本人が嗜好に対する違和感を感じていたということですが，そのことを自覚して対応するということが第一歩です。このようなやりとりを通して「どんなものが好きでも，いいのだ」と一人ひとりが感じることが重要で，それを温かく受け止めてくれる周囲の大人の存在が大切になっていきます。

3　「困った子」は「困っている子」

　保育者にとって「困った子」は，実は本人が「困っている」のだとよくいわれます。特別な支援を必要とする子どもの中には，外見上は障害があるようにはみえず，他者から理解されにくい場合が多くあります。

「困っているのは本人である」ととらえることが大切です。

2　障害のある子どもへの支援

1　個の理解と支援

幼稚園教育要領等では，次のように記されています。

> 集団の中で生活することを通して全体的な発達を促していくことに配慮し（中略）個々の幼児の障害の状態などに応じた指導内容や指導方法の工夫を組織的かつ計画的に行うものとする。[4]

▷ 4　幼稚園教育要領第1章「総則」第5「特別な配慮を必要とする幼児への指導」1

次の事例では，医師による診断を受けているD児の姿から，人とのかかわりの視点も絡めて，支援を考えていきましょう。

【事例11-2　一人ひとりの幼児に寄り添う（4歳児9月）】

4歳児の男児D児は，乳児期から自閉症スペクトラム障害の診断を受けており，療育に通いながら2年保育で幼稚園に入園しました。入園直後は制服も帽子も嫌がるので着てこなくてもよいことにし，まずは楽しんで通えることを目指しました。

好きな遊びの時間は，D児の好きな遊具を部屋の隅の静かな場所に設置し，じっくりと遊べるように配慮しました。支援員も近くで一緒に遊びながら，話しかけたり気持ちを言葉に出したりする援助を続けました。好きな遊びのときは比較的落ち着いて過ごせますが，一斉活動となると戸外に出て行ってしまったり，廊下やオープンスペースで遠くから見ていたりすることが多いのですが，保育者は無理にみんなとかかわらせようとはせず，自分が頻繁に声をかけにいくようにしていました。

そのような過ごし方を3か月続けるうちに，D児のことを気にするE児がそっと一緒に動くようになり，だんだんD児もその動きを真似し，かかわって遊ぶことが増えてきました。

（幼児教育映像制作委員会，2018，ショウちゃんの事例）

この事例では，途中入園のD児を理解するために，保育者，支援員，そして園全体の職員で時間をかけて話し合いました。何が好きなのか，何が嫌なのか，どこに支援が必要で，自分でできることは何か，「こうしてみたらどうだろう」「これは，あまり効果がないですね」「今日は，こんな様子でした」と日々情報交換をしながら，自然なかかわりでクラスに溶け込めるようにしていきました。具体的な支援を考えるためには，情報収集と状況把握，そして何よりも受け止めようとする温かい気持ちが大切です。今日はよくても，明日は同じこともうまくいかないということが続きます。正解のない幼児理解にチームは欠かせません。一人で

はなく，みんなで意見を出し合う「人とのかかわり」が保育者にも大切です。

　次の事例は，特に発達障害などの診断はなく，なぜそのような行動をするのかが，すぐにはわからない場合です。ほとんどの保育者がこのような状況に悩み，手立てに迷うことになります。

> 【事例11-3　保育者の悩み（4歳児6月）】
>
> 　4歳児の男児F児は，自分の思い通りにならないとすぐに手が出たり，足で友達を蹴ったりする姿がみられました。3年保育で入園した時点でも乱暴な言葉遣いや，思い通りにならないとかんしゃくを起こすなどの行動もみられましたが，保護者は「男の子だから」と問題視することはありませんでした。大人との会話や，絵本の読み聞かせの反応からは，理解力がある様子がうかがえましたが，同年代の友達とのかかわりは常にトラブル続きで，保育者を悩ませました。
>
> 　一斉活動になると，友達の嫌がる行動をすることが多く，そのつど活動を止めて対応するのか，後から個別に話をするほうがよいのか，周りの大人も悩みました。基本的には，低年齢の幼児にはその場で伝えなければわからない，という意見もあります。しかし，みんなの前で指導することで「悪い子」という印象をもたれるのもよくないという葛藤が常にありました。そのような状況の中で，保育者はときに優しく，ときに厳しく対応を続けてきました。「Fくんはなぜ，このような行動をとってしまうのか？」そのことを，保育者間でいつも話し合いました。
>
> （幼児教育映像制作委員会，2018，シュンくんの事例）

　園生活の中で，一見保育の妨げになる「困る」と思われる子どもたちを「まとめる」という気持ちで，排除したり，強く叱責して圧力で大人に従うようにしたりすることは，教育ではありません。

▷5　厚生労働省，2021

　現在，「不適切な保育[5]」として挙げられている事項に，

　1．子ども一人ひとりの人格を尊重しないかかわり

　2．物事を強要するようなかかわり，脅迫的な言葉かけ

　3．罰を与える，乱暴なかかわり

　4．子ども一人ひとりの育ちや家庭環境への配慮に欠けるかかわり

　5．差別的なかかわり

があります。保育の中で，「しつけ」と称して不適切なかかわりをしてしまう背景に，このような「大人の意図通りに行動できない子ども」が関与してきます。

　教育現場では，子どもが大人の言うことをしっかり聞き，自発的に理想的に動くことがよい，と評価する現状もあります。本来，信頼関係がしっかりとできていれば，好きな大人の話は聞こうとするものですが，

発達障害などの状況により，自分の意思とは関係なく「大人の意図に反した行動」をとってしまう場合も多くあるのです。その行動の意図を読み取り，適切な支援をしていくことが問題解決の糸口になるでしょう。

　すべての子どもに対し，そのよさや気持ちを受け止め，個人と個人のつながりをしっかりつけることが，集団の中で自己を発揮する基盤になるということを保育者は実践の中で実感しています。

　次に，肢体不自由や医療的ケア◁6を必要とする幼児について，事例を挙げて説明します。

> **【事例11-4　医療的ケアの必要な幼児の受け入れ（5歳児6月）】**
> 　5歳児の男児G児は，1歳半までは定型発達だったが，高熱とけいれんにより重度の発作を起こし，それより一日何度も小発作，大発作を起こすようになりました。5歳児5月より入園し，足元がふらつき転倒を繰り返すことと，発作時の安全のために，常時ヘッドギアを着用しています。入園面接の際は，教育委員会にも立ち会ってもらい，一対一で介助してくれる支援員を配置してもらいました。入園後も，日に2，3回は発作が起きるため，保護者にその対応方法を聞き取るほか，かかりつけの医師と園長が面談し，集団生活上の留意点と緊急時の連絡方法などを確認しました。
> 　保育の中では子どもたちがたくさんいる空間が楽しいようで，動きの真似をしたり，音楽を聴いて歌ったりする様子がみられ，毎日喜んで登園していました。

　これからは，医療的ケアを必要とする幼児や，重度の障害をもつ幼児の受け入れも増えてくると思います。その中で，いかに自然にクラスの中に居場所をつくることができるか，楽しい園生活を送ることができるかを考えながら，保育をしていくことが大切です。特に障害のある幼児，要支援の幼児に対しては，**個別の教育支援計画**◁7，**個別の指導計画**◁8などの作成や，園での**特別支援推進委員会**◁9などでの話し合いを通して，幼児理解や，特別支援教育そのものの理解を深めるようにしていくことが重要です。

2　個の育ちと集団の育ち

　一人ひとりの理解を進めていくと同時に，集団を育てるという視点で保育を考えることが大切です。事例11-3のF児は，きわめて乱暴な言動が目立ちましたが，クラスの中で孤立することはありませんでした。そこでは，保育者のあきらめない対応，本気で思いを伝えようとする姿が，子どもたちにも伝わっています。

　このように，一人ひとりに寄り添う保育を続けると，結果的に集団と

▷6　医療的ケア
人工呼吸器による呼吸管理，喀痰吸引その他の医療行為（医療的ケア児及びその家族に対する支援に関する法律第2条）。

▷7　個別の教育支援計画
障害のある児童生徒一人ひとりのニーズを正確に把握し，教育の視点から適切に対応していくという考え方のもと，乳幼児期から学校卒業後まで一貫して的確な教育支援を行うことを目的とするために立てる計画。

▷8　個別の指導計画
子どもの実態に応じて適切な指導を行えるよう，一人ひとりの指導目標，指導内容および指導方法を明確にしたもの。

▷9　特別支援推進委員会の設置
校長（園長）のリーダーシップのもと，全校的な教育支援体制を確立し，教育上特別の支援を必要とする児童等の実態把握や支援内容の検討などを行うため，特別支援教育に関する校内委員会を設置すること（文部科学省，2017）。

139

しても育っていきます。温かい言葉をかけられて育った子どもたちが，また，他者を思いやることができるからです。今後様々な個性の人たちに出会ったときにも，その違いを理解し，受け入れ合える，人格形成の基礎となることでしょう。

　集団を育てるという意識が強くなると，つい横のつながりを早くつけなくてはと急いだり，見た目のまとまりのために大人が管理したりしがちです。しかし主体的に動く姿を目指すためには，十分な時間と手間をかける必要があります。焦らないことも大切です。

　次の事例は，年長組の運動会のリレーをどうやったら全員で行えるかを，クラスみんなで考えた事例です。

【事例11-5　集団の中で育つもの（5歳児10月）】
　5歳年長組25名のクラスに，脳性麻痺による肢体不自由児1名，比較的重度の自閉スペクトラム症の幼児3名，軽度発達障害の幼児2名が在籍していました。
　年長児の進級当初は，声が出てしまう幼児に刺激され，保育者の話に集中しにくい実態がありました。しかし，支援の必要な幼児と共に生活することでこそできる経験を大切にし，さらに年長組で経験するべきことはしっかり経験させたいと思い保育をすすめました。「運動会は，リレーが楽しみだね」と話すと，「ぼく，走るの速いんだよ！」という声と同時に，「Jちゃん一周回れるかな？」「Iちゃんは，どうする？」と子どもたちから素朴な質問が出ました。実際にリレーを行うと，なかなかスムーズには進まず，途中で誰かがいなくなってしまいます。すると，子どもたちは一生懸命にアイディアを出してきました。「それ，やってみよう！」ということで，毎回多彩な作戦を立て，3チームに分かれたリレーは，チーム分けも毎回変えましたが，それでもなぜかいつも接戦でした。
　最終的に，脳性麻痺のI児は，10mほど自分の力でウォーカーを使用して動き，残りをお助け役の友達に託すことになりました。友達がウォーカーを押してあげる作戦もありましたが，本人が「途中まででもいいから，自分で走りたい」という希望を出しました。J児は三角コーンを倒せば一周楽しんで走れるので，倒したコーンを直して回る係ができました。自分が走り終わった後に，J児について走って，蹴飛ばしたコーンを二人体制で直すというものです。K児，H児には，仲良しの友達が伴走し，少し先で声をかけながら走りました。みんなでいろいろ考えたけれども，「やってあげた」という意識ではなく，「みんなでやろう」という気持ちが強かったように思います。

▷10　ウォーカー
歩行補助器具。

◁10

　この事例では，「自分のチームが勝ちたい」気持ちから，様々なアイディアが出されて日々試したり工夫したりしてきました。3年間の生活の中で育まれたよい関係性があったからこそ，「あの子がいなければ勝

てたかも」という雰囲気にならなかったと思われます。

　勝負ごとでは，特に障害のある子どもの学級活動の参加の仕方には配慮が必要です。リレーや鬼ごっこ，ドッジボールなどで「いつも負ける」という経験の積み重ねがあると，「同じチームは嫌だ」という意見が出ます。その思いを受け止めつつ，「そうだね，負けちゃったね。でも，あなたもこんなところがんばったね」と本人を認めたり，「〇〇ちゃんも，こんなところがんばっていたね」と障害のある子どもの頑張っている姿を知らせたりすることで，もう一歩話し合いを深めていきたいものです。「『〇〇ちゃんがいたから負けたんだ！』って，先生が言われたら悲しくなるよ。今度はこうしたら？って，言われたらがんばれるかも」「負けたのは他の理由があるかもしれない」など，かかわり方の具体例や，伝え方を知らせることも大切です。

　保育者としては，他のメンバーの技量を考慮し「必ず負けるわけではない」ように調整をしていきました。活動に対し，どの子のモチベーションも高めていかれることが重要です。そこで，「誰かにがまんをさせる」という対応や，「大人がすべてを決める」という対応を続けると，子どもなりに不満がたまり，人に優しくなれないものです。

写真 11 - 1　リレー　　　　　　　写真 11 - 2　話し合い
出所：写真はすべて筆者撮影

3　環境構成・支援の工夫

　特別に支援の必要な子どもを含むクラスで，人とのかかわりを豊かにしていくための環境構成の工夫について事例から考えます。

【事例 11 - 6　かかわりを生む環境（3歳児6月）】
　3歳児N児は，自閉症スペクトラムの診断を受けており，入園時は単語を数個発語する状況でした。自分の思いがうまく伝えられずかんしゃくを起こすことが多く，泣いてしまうとその思いを汲み取ることが難しく，保育者も支援員も身ぶり手ぶりでかかわりました。そこで，保育者が，様々な絵カードを作成し，N児の気持ちに合うかどうか見せてみると，「電車の絵」を指し，とんとんと叩きました。「電車が使いたかったの？」と聞くとうなずく

ので，電車が入った入れ物ごと持って移動した友達に，一緒に交渉に行きました。「Nくんが，これ貸してって言っているの」と絵カードを見せると，案外あっさりと貸してもらえ，保育者の「使えてよかったね。貸してくれてありがとう，だね」という言葉にうなずきました。その様子を見ていたO児は，「ぼくは……，これ」と，保育者の持っていた別のカードを抜き取り見せてきました。それは，エプロンを着けたお母さんらしきイラストでした。「ママ？」と聞くとうなずき，「ママに会いたいの？」と聞くと，今朝，お母さんに叱られてしまった話をしてくれました。話したかったけれど，うまく言えない，言い出せない，そんなときにも有効なカードだと思いました。

　このように，支援の必要な子にとってわかりやすい環境は，どの子にとってもわかりやすいものです。保育室内の表示などは，見てわかる環境だと，特別な支援，配慮ではなく，すべての子ども同士のコミュニケーションの支えになります。

　このほか，遊びの中でも「子ども同士のかかわりを生む活動」が多くあります。助け鬼ごっこなどでは，普段なかなか友達とのコミュニケーションがとれない幼児が，助けたり助けられたりすることで，かかわりのきっかけができることもあります。「こわいと思っていたら，助けてくれて優しかった」などと，その子への感情が好転することも多くみられます。保育の中では，このようにかかわりのきっかけになる遊びがいろいろとできるように計画していきましょう。

3 外国籍の子どもへの支援

1　個の理解と支援

　国際化が進み，様々な国の幼児が園に在籍するようになってきました。外国人幼児等にとって園生活は日本語の世界で，話をしたくても，どう表現すればよいのかわからずに不安なことと思います。日本人幼児と外国人幼児等が互いに関心をもち，相手の言葉や文化，考え方を尊重する心が芽生えると，自国に対する誇りや自尊感情につながっていきます。

　まずは，まったく日本語がわからずに入園してきたP児の事例から考えてみましょう。

【事例11−7　文化の違いの理解（3歳児4月）】
　3歳児P児は，インドから入国後すぐに入園となりました。父親は日本で仕事をしていたため，日本語の会話は可能ですが，お便りなどの文章は完全には読み取れません。母親は，P児が入園のタイミングで来日したため，日

本語はわからず，英語でのコミュニケーションとなります。

　入園式翌日から，毎日ずっと泣き続け，日本語の声かけにも反応せず，叫んでいる内容も理解できずに，時折乗用玩具で気を紛らせながら過ごしました。父親との話し合いから，インドでは朝ごはんは食べずに10時くらいにスナック菓子を食べ，2時過ぎに家に戻ってゆっくりと昼食を食べるそうで，その生活の流れにも戸惑いがあったようです。「おなかがすくから泣くのかもしれない」とのことで，10時にスナックとジュースを食べさせてほしいとの依頼があったのですが，園からは，朝，軽く食べられるものを食べてから登園してみてほしいことを伝えました。朝食を食べてくるようになったことと，時間の経過によって慣れたことで，しだいに自分から遊びだせるようになりました。

　同じ場で遊ぶほかの幼児と同じ動きをして喜んだり，名前を覚えて声をかけたりするようになると，笑顔で登園できるようになり，「それかして！」「先生，来て」などと話しかけることも増えていきました。

　幼稚園教育要領解説には，次のような記載があります。

　一人一人の実態は，その在留国や母語の言語的・文化的背景，滞在期間，年齢，就園経験の有無，さらには家庭の教育方針などによって様々である。（中略）そのため，一人一人の実態を的確に把握し，指導内容や指導方法の工夫を組織的かつ計画的に行うとともに，全教職員で共通理解を深め，幼児や保護者と関わる体制を整えることが必要である。◁11

▷11　幼稚園教育要領解説第1章「総説」第5節「特別な配慮を必要とする幼児への指導」2

　入園の受け入れにあたって，一人ひとりの背景を理解しようとする姿勢が非常に大切です。異国の園で，不安で仕方がない子どもや保護者の気持ちに寄り添い，園生活が楽しめるようにかかわりましょう。

　次の事例は，母語の使用にかかわるものです。

【事例11-8　保護者の要望（3歳児5月）】
　3歳児Q児は，台湾から入国後，日本語がわからない状態で入園しました。家庭での会話は中国語です。保育者は，Q児が安心できるよう，時折勉強した中国語を交えて話しかけていたところ，保護者から「園では，日本語だけ使ってほしい。日本語を覚えるために園に入れたので，中国語は使わないでほしい」と言われてしまいました。「家庭では，母語を大事にするため中国語を使う」ということでしたので，それを受け入れ，日本語での声かけのみにしました。Q児は，驚くほど速く日本語を覚えて使うようになり，年中組に進級する頃には日常会話はすべて日本語になっていました。

　このように，園側がよかれと思ってしたことと，家庭の要望は必ずしも一致しません。相手の要求を受け入れるのみということでも，園側の

　要求を一方的に伝えるということでもなく，互いの思いを出し合い対応を決めていくということは，どの家庭とのやりとりでも変わりません。外国語ということでハードルは少し高いのですが，今は便利な翻訳方法もたくさんありますので，活用しながらコミュニケーションをとるとよいと思います。

2　個の育ちと集団の育ち

　外国人幼児等が園に在籍している場合は，子どもたちにとっても，保護者，保育者にとっても，様々な国に関心をもつ絶好の機会です。様々な個性の人がいることを自然にかかわる中で知ることができる一方，違いについて学ぶこともでき，理解し合うために重要です。

　次は，同じ園に9か国11名の外国人幼児が在籍したときの事例です。誕生会の機会に，ゲストティーチャーとして保護者に自国の文化について話してもらいました（写真11-3）。どの月の誕生会にも外国籍の保護者がおり，日本の保護者にも話してもらいました。

【事例11-9　保護者との連携（5歳児7月）】

　毎月の誕生会にて，「世界の国からこんにちは」というテーマで，一年間を通して「世界の国の場所，挨拶の言葉，おいしい食べもの，子どもの遊び」について，保護者に話してもらいました。子どもたちはいつも興味津々。「その食べ物，食べたことがある！」「さむいの？」などの声が聞かれました。子どもの遊びでは，ガーナのお父さんが「みんなでまるくなります。一人の人が石をもってその周りを走って誰かの後ろに落とします。一周回っても気がつかなかったら，真ん中に入るよ」と説明すると，「ハンカチ落としと同じ‼」と歓声が上がりました。「ガーナの人，ハンカチでなく，石でやります」というお父さんの言葉に，「でも，同じだね」と盛り上がりました。その他中国でも，「だるまさんがころんだ」と似た遊びがあるなど，保育者にとっても新たな発見がありました。

　このように，互いの文化を紹介し合うことで，子どもたちも保護者同士も，会話や交流のきっかけができました。外国から来た人たちは，「日本の園でいじめられたりしないか？」「わが子が，異文化になじんでいけるか？」と，少なからず不安をもっています。保育者は自分自身も各国の文化に関心を寄せながら，子どもたちや保護者をつなげていく

写真11-3　ゲストティーチャー

ような保育をすることが大切です。そのことが，異文化交流，相互理解につながっていくでしょう。

3　環境構成・支援の工夫

外国籍の子どもを園で受け入れる際に，配慮するとよい点についていくつか触れていきます。[12]

まず，「見てわかる」工夫です。どの子どもたちにも必要な配慮ですが，特に言葉がわからない子どもたちにも，絵や写真があるとよくわかります。これは，保護者にも配慮すべき点で，手紙や掲示物は，写真や図を入れるなどして理解を助けましょう。

次に，「ゆっくりと，簡単な日本語で話す」ことです。英語を使って話すことも大切ですが，これから日本で生活していく場合は，日本語でわかることも大切です。ゆっくりと繰り返し話してあげましょう。保護者も同じです。「何度も聞き返しては申し訳ない」と思っているようで，「ハイハイ，オーケー」と言ってくれますが，実は理解していないことが多いものです。丁寧に対応することで信頼関係も築けます。それでも複雑な会話は，翻訳機や英語の堪能な人に助けてもらう方法もあります。ただし，子どもの発達や個人情報にかかわることは，行政の通訳支援や職員が聞き取るようにし，人権にも配慮しましょう。

最後に「文化的にタブーなこと」を確認しておきましょう。宗教によっては食べられないものがあります。食文化については譲れないものだと思いますので，よく話し合うとよいでしょう。また，頭に触れるのは禁止，日本のオーケーサインはフランスでは馬鹿にするサインなど，知らなかったこともあります。まだまだ配慮点はたくさんありますが，受け入れをきっかけに保育者も学んでみましょう。

▷12　文部科学省委託研究「外国人幼児等の受入れに関する研修　基礎理論研修　言語・文化的に多様な背景を持つ子どもたちが共に過ごせる保育を」(全国幼児教育研究協会，2022)

演習課題

① 支援の必要な幼児が，一斉活動中に廊下に出て行ってしまいました。支援員がついていますが，他の幼児が「どうして，○○ちゃんだけ，外に行ってもいいの？ぼくも行きたい」と言ったときに，どう対応しますか。

② 外国人幼児が持参したお弁当に，カレーとチップスが入っていました。他の幼児が，「お菓子が入っている！」と言ったときに，どう説明しますか。

引用・参考文献

厚生労働省（2021）『不適切な保育の未然防止及び発生時の対応についての手引き』

全国幼児教育研究協会（2022）文部科学省委託研究「外国人幼児等の受入れに関する研修　基礎理論研修　言語・文化的に多様な背景を持つ子どもたちが共に過ごせる保育」https//www.mext.go.jp/a_menu/shotou/youchien/1405077_00007.htm（2023年7月1日アクセス）

文部科学省（2017）「発達障害を含む障害のある幼児児童生徒に対する教育支援体制整備ガイドライン」

幼児教育映像制作委員会（2018）「みんなで育てる，みんなで育つ――子どもの困難さに寄り添う保育」（文部科学省選定DVD）https//www.mext.go.jp/a_menu/shotou/youchien/1405077_00007.htm（2023年6月1日アクセス）

第**12**章　子ども理解から保育をつくる

学びのポイント

●発達を押さえた子ども理解をもとに指導を考えましょう。
●幼児と児童の交流活動では，互恵性を大切にしましょう。

　人は，人と人との生活の中で生きています。人とかかわる中で自分の力を発揮し，ほかの人々と調和しながら生きていくことが大切です。しかし，ほかの人とかかわることは，自分の思うようになることばかりではありません。心の中で葛藤したり折り合いをつけたりしながら，人とかかわる力を学んでいきます。この章では，子ども理解をもとに保育の計画立案について考えます。

1　子ども理解から始まる保育

　子ども理解は，教育・保育の出発点であるといわれています。保育をつくるには，まずは子どもの姿を理解することが大切です。

　たとえば，3歳児5月頃の保育の中の子どもの姿です。数名の子どもたちが，積み木を長くつなげて乗り物に見立てて遊んでいます。つながった積み木の両端にはハンドルに見立てた輪っかを持った子どもが座り，背中合わせの状態で，それぞれが運転手になって「次は○○です」「止まります」など，ハンドルを動かしながら遊んでいます。矛盾しているような光景ですが，この時期では，子どもは同じ場で過ごして，同じようなものを持って遊ぶ楽しさや心地よさを感じています。保育者は，同じ場にいる子どもと一緒に過ごすことができるような場やものを環境として準備をしたり，動きに目を向ける場面をとらえて「同じだね」「うれしいね」など，一緒に喜んだり，気持ちを認めたりするという援助をしていきます。

　5歳児5月頃ではどうでしょうか。3〜4人の子どもたちが大型積み木を使って家づくりをしています。大型積み木を運ぶときは友達と2人組になって運ぶ姿もみられます。「ここはね，玄関ね。靴を脱いだら，この場所においてください」「私は，お風呂つくるね」「いい考えだね」

など，自分の思いや考えを言葉や動きで表現したり，簡単な役割を決めたりしながら遊んでいます。この時期には，保育者は友達と一緒に取り組むことができるようなものや場を準備することが大切です。大型積み木は，友達と力を合わせて一緒に運ぶということが必要になり，必然的に友達とのかかわりが促されます。

しかし「ダメ，これは私が使うから」と相手に拒否されたり，自分の思いをなかなか出せずに思いを強く出す子どもの考えに押されてしまったりすることもあります。友達とのかかわりの中で，自分の思いを相手にわかるように伝えたり，相手の思いや考えを聞こうとしたりする援助が大切です。

3歳児と5歳児の同じ5月頃に積み木を使った遊びをしている事例ですが，発達を押さえた子ども理解をすることで，それぞれの時期に保育者が行うべき援助が明確になります。

2　指導計画を立てる

1　指導計画を考える

指導計画には，長期の指導計画と短期の指導計画があります。教育課程をもとに長期の指導計画を作成し，その長期の指導計画をもとに，週案や指導案等の短期の指導計画を作成します。

長期の指導計画も短期の指導計画も，その考え方は同様です。まずは，①子どもの実態をとらえる，②具体的なねらいや内容を考える，③環境の構成を考える，④保育者の援助を考える，という流れです。そして，実践・評価を行い，改善し，次の計画作成につなげます。

指導計画を考える際は，「人間関係」の領域だけで考えるものではありません。「健康」「人間関係」「環境」「言葉」「表現」の領域のねらいや内容，内容の取扱いをもとに，2017（平成29）年の改訂で示された▷1「幼児期の終わりまでに育ってほしい姿」の10項目に留意していきましょう。10項目に表されている姿は，幼児の姿をとらえ，どのような資質・能力が育っているのかをみていくときに手がかりとなります。

指導計画を立て実践していくときには，図12-1で示されている点を踏まえ，指導の過程を評価し，改善を図っていくことが必要です。

2　0〜2歳児の指導計画

3歳未満児の指導計画では，一人ひとりの子どもの生育歴，心身の発達，活動の実態等に即して，個別的な計画を作成すること，と保育所保

▷1　幼稚園教育要領・保育所保育指針・幼保連携型認定こども園教育・保育要領が，2017（平成29）年に同時改訂（定）された。この改訂（定）で，幼稚園も保育所も幼保連携型認定こども園も，日本の大切な幼児教育施設として位置づけられた。

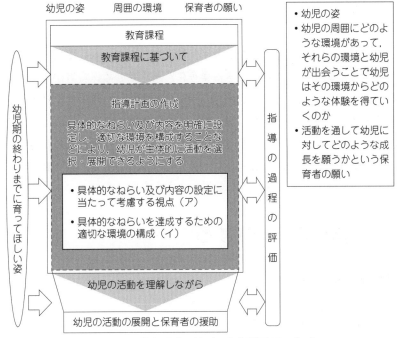

幼児の姿　　周囲の環境　　保育者の願い

- 幼児の姿
- 幼児の周囲にどのような環境があって，それらの環境と幼児が出会うことで幼児はその環境からどのような体験を得ていくのか
- 活動を通して幼児に対してどのような成長を願うかという保育者の願い

図12-1　教育課程に基づいた指導計画の作成

出所：文部科学省，2021より一部改変

育指針解説で述べられています。

　保育所保育指針では，乳児期は発達の諸側面が未分化であるため領域ではなく３つの視点が挙げられています。その中で人間関係に関する視点としては，イ社会的発達に関する視点「身近な人と気持ちが通じ合う」が該当します。特に大人との愛着関係が必要な時期であるため，特定の保育者とかかわり，情緒の安定を図ることが求められます。また心身の発育・発達が顕著な時期であること，そして個人差も大きいため，一人ひとりの子どもに応じた保育を展開できるよう，個別に指導計画を立てることが必要です。

　１歳以上３歳未満児では，安心できる関係のもとで身近な大人との信頼関係を育て，人とかかわる力の基盤を培うことが挙げられています。友達にも関心を示すようになるので，保育者が遊びの仲立ちをしたり，友達とかかわる援助をしたりすることも必要になります。

3　3～5歳児の指導計画

　「幼児期の終わりまでに育ってほしい姿」は，幼稚園，保育所，認定こども園での生活や遊びを通して「資質・能力」が育ってきている子どもの姿を，具体的に示したものです。保育者は，遊びの中で子どもが発達していく姿を，この「幼児期の終わりまでに育ってほしい姿」を念頭

に置いて一人ひとりに必要な体験が得られるような状況をつくったり，援助を行ったりすることが必要です。

　指導計画は，子ども一人ひとりが，幼児期にふさわしい生活を展開して必要な経験を得ることができるように，あらかじめ保育者が考えたものです。実際には子どもが環境にかかわって生まれる活動は一様ではありません。当然，保育者の予想していた姿と異なることも多いでしょう。保育者は子どもの発想を大事にしながら，そのつど，計画したねらいや内容の修正や環境の再構成等をしていくことが必要です。保育者には状況に応じた多様なかかわりが求められます。

3　指導案を作成する

指導案を考える

　3年保育5歳児11月頃の子どもの実態です。

　<u>人とのかかわり</u>では，次のような姿がみられます。

〇今までの遊びの中で自分の思いや考えを相手に伝えることの少なかった幼児が，宝とりの鬼遊びで素早く宝をとる姿，虫探しで動きの速いバッタを捕まえる姿などを友達に認められる。そのことで自信をもち，自分から友達に思いや考えを出したり，友達の考えを受け入れようとしたりする姿がみられるようになってきている。

〇友達との遊びの中で，言葉のやりとりが活発になってきている。しかし，言葉が足らない，言い方が強いなどで，トラブルになることもある。保育者が互いの話をつないでいくと，相手の思いに気づいたり，ほかの友達の考えを聞いたりし，解決策を考えられるようになってきている。

〇グループや学級全体で活動する中で，それぞれの得意なことやよさに気づいたり，頑張っている姿を励まし合ったりし，学級の一員としての自分の存在感を感じている。

　<u>遊びへの取り組み</u>の様子としては，次のような姿がみられます。

〇運動遊びや製作遊びなどで自分なりに目的をもって挑戦する姿がある。その中で，友達の姿を刺激として新たに目的をもつ姿もみられる。

〇遊びの中で，必要なものを考え，自分のつくりたいもののイメージを具体的にもち，実現するために考えたり工夫したりするようになってきている。

〇3～5名の友達と自分の思いや考えを出し合い，その中で共通の目的を見出して一緒に遊びを進めていこうとする姿がある。

○ルールのある遊びでチーム意識をもって取り組み，作戦を考えて競い
　合う楽しさや体を動かして遊ぶ心地よさを感じている。

　このような姿がみられる時期に，保育者は学級全体で取り組む遊園地
づくりの計画を立てました。

〈遊園地づくりの活動の経過〉

11/5　・遊園地の乗り物の種類を知り，乗りたい乗り物を決める。

↓

11/6　・遊園地へ遠足に行き，自分の乗りたいものを選んで遊ぶ。

↓

11/7　・学級でどんな遊園地をつくるかを話し合い，つくるものを決める。
　　　・つくるものによって分かれたグループで話し合う。

↓

11/10〜
・グループごとにつくる場所を決め，目的に合った材料を選んだり，つくり
　方を考えたりしながら，遊園地づくりをする。

↓

　★1週間後に，3，4歳児を客として呼び，遊園地ごっこをする。
○迷路　○モグラたたきゲーム　○ジェットコースター　○タクシー

　ここから週のねらいと内容を考えてみましょう。

〈週のねらいと内容〉　　○ねらい　・内容

○グループの友達と遊びの目的に向かって，互いに考えを出し合いなが
　ら見通しをもって遊びを進めていく。

○学級のみんなで一緒に活動に取り組む中で，自分の力を発揮したり，
　友達のよさを認めたりする。

・遊びの中でイメージを実現しようという目的に向かって，どうしたら
　できるか見通しをもちながら取り組もうとする。

・自分の思いや考えを相手に伝えたり，相手の思いや考えを聞いたりし
　て遊びを進める楽しさを感じる。

・グループの友達の動きを見たり話を聞いたりしながら，相手の考えを
　感じ取ったり友達のよさに気づいたりする。

・ルールのある遊びの中で，自分の力を出して動いたり競い合ったりす
　る楽しさを感じる。

　子どもの姿を理解しながら，保育者の援助を考えていきます。この遊
園地づくりでは，迷路づくりやゲームづくり，ジェットコースター・タ

クシーの乗り物づくりに取り組んでいます。

　環境の構成としては，自分たちで目的や用途に合わせて選んで使えるように材料や用具（段ボール箱・段ボールカッター・ガムテープ・空き箱・牛乳パック・絵の具・筆など）を準備したり，時間を保障したりしていきます。子どものイメージや考えを実現していけるように，必要に応じて保育者も一緒にやり方を考えたり，刺激を与えたりする援助が大切です。

> **〈迷路づくり〉**
> ・迷路をつくるために必要な材料を選んでつくったり，グループの友達とイメージを伝え合い，仕掛けややり方を考えたり，役割分担を決めて動こうとしたりしています。しかし，思いがあってもうまく伝わっていかないこともあります。

（保育者の援助）

○イメージが共通になるように，自分の考えを伝えたり，友達の考えを聞いたりして，個々の思いが出し合える雰囲気をつくっていく。

○「こうしたい」という思いがあっても，具体的にどのようにしたらよいかわからないときには，保育者も仲間に入って考えながら材料を提案したり，方法を伝えたり，イメージを膨らませたりする。

> **〈ゲームづくり〉**
> ・ゲームづくりでは，実際に自分たちで繰り返し試しながら，おもしろくなるようにしようと考えています。互いに考えを出し合いながら進めている姿がみられますが，ときには強い口調になることもあります。

（保育者の援助）

○保育者も一緒にやってみて，気づいたことや感じたことを言葉や動きで伝え，考えたり工夫したりしてつくっていけるようにする。

○友達に対して，言い方が強い口調だったり，一方的だったりする場合は，言われた友達の気持ちに気づくように言った言葉を振り返らせ，相手に心地よく伝わる言い方を一緒に考えていくようにする。

> **〈乗り物づくり（ジェットコースター・タクシー）〉**
> ・乗り物づくりでは，実際に動かしたり試したりしながら（写真12-1），動かし方や乗せ方などをどうするか考えを出し合って進めていく姿がみられます。しかし，なかなか見通しがもてず，ただ乗って楽しむことが続くこともあります。

（保育者の援助）

○つくる途中で遊びが行き詰まったり，目的がはっきりともてなかった

写真 12−1　ジェットコースターの試運転
出所：筆者撮影

りする場合は，保育者も一緒に考えたり，提案をしたりしながら遊び
に見通しがもてるようにする。
○それぞれのよさに気づき合えるように，頑張っている姿や考えを伝え
ている姿を言葉に出して認めていくようにする。
　保育所保育指針解説には，次のような説明がされています。

> 　指導計画を作成した際の保育士等の予想した姿とは異なる姿が見られるこ
> ともしばしばあるが，そうした時に，必ずしも計画通りの展開に戻すことを
> 優先するのではなく，子どもの気付きや感動を尊重し，新たな素材を加えた
> り，子どもの発想を刺激するような一言を添えたりするなどして，子どもが
> 自らイメージを膨らませて活動を方向付け，豊かな体験を得られるよう援助
> することが重要である。

▷ 2　保育所保育指針解
説第1章「総則」3「保育
の計画及び評価」(3)

　保育の計画を考えるときには，今日の子どもの姿をとらえ，明日の保
育を予想し，必要な経験を導き出し，ねらいを設定していきます。そこ
から環境構成や保育者の援助などを考えていきます。しかし実際には，
指導案を立てても，その通りに進んでいくとは限りません。指導案は，
あくまで案なのです。子どもは予想とは異なる姿もみせます。その姿か
らさらに子ども理解をし，保育者の援助を修正しながら保育を展開する
ことが重要です。

4　幼児と児童の交流活動を考える

　幼稚園・保育所・こども園といった各幼児教育施設において，幼児教
育の質的な向上，小学校教育との円滑な接続が求められています。しか
し，幼児教育の質に関する社会や小学校等の認識が共有されているとは

▷ 3　幼保小の架け橋プログラム
「架け橋期」といわれる 5 歳児から小学校 1 年生の 2 年間に，主体的・対話的で深い学びを実現するために，子どもにかかわる大人が連携して，一人ひとりの多様性に配慮したうえで，すべての子どもに学びや生活の基盤を育むことを目指しているプログラムである。

▷ 4　ウェルビーイング
直訳すると，よい状態が続くこと。心身と社会的な健康や幸せを実現することである。学習者が主体となる教育の転換が図られている。教育の目的は，個人のウェルビーイングと社会のウェルビーイングの 2 つを実現することである。

いいがたく，小学校教育の前倒しと誤解されることもあります。幼児教育と小学校教育の円滑な接続に向け，**幼保小の架け橋プログラム**³の実施が考えられています。

　幼児教育と小学校教育との大切な接続期に園と小学校側が理解し合うには，園から小学校，小学校から園を訪問し互いにかかわる中で，子どもの日常の姿にふれ，理解し合うことが重要です。子どもたちが交流をすることで，円滑な接続や移行がしやすくなります。そのためには，教育課程，年間計画にその交流が位置づけられていることが必要です。そうでなければ，いつのまにか交流が消滅してしまったり，形ばかりの交流に終わってしまったりすることが考えられます。すべての子どものウェルビーイング⁴を保障するカリキュラムを実現するためには，教育課程編成等，実施，評価，改善が重要です。

幼児・児童の交流活動例（7 月）

　幼児「1 年生の朝顔まつりに招待されたよ」5 歳児

　児童「朝顔まつりをしよう」1 年生

活動のねらい

　幼児○1 年生や小学校の先生に自分なりにかかわりながら楽しみ，小学校の様子や児童に関心をもつ。

　児童○自分たちがしたことで幼児が楽しんでいる姿を見たり，世話をしたりすることに喜びを感じる。

事前の指導

　幼児○「朝顔市」で出店や朝顔を見学し，楽しい雰囲気を味わえるようにする。1 年生から説明を受けもらった「招待カード」を見たり，地域の「朝顔市」を思い出したりして，1 年生が計画している「朝顔まつり」に興味・関心をもてるようにする。

　児童○地域の「朝顔市」を見学し，1 年生の「朝顔まつり」を提案し，幼児を招待する思いをもてるようにする。自分たちの出店に期待感や意欲をもち，積極的に考えるようにする。

　　　○幼児がどんなことをしたいか，どんなことに困るかなどを話し合い，当日の動きを予想できるようにする。

交流の計画

時 間	幼児の活動	児童の活動	配慮事項
9:45	1　挨拶をする。 2　小学校の先生の話を聞く。	1　挨拶をする。 2　どこにどんなお店があるか発表し，困った時には 1 年生に聞くことを話す。	○児童：幼児にどのようにかかわるかなどを話しながら，期待を膨らませる。
9:55	3　幼児で二人組になり出店に行く。 ・友達と相談しながら，	3　お店の人になる。 ・お客の「招待カード」にスタンプを押す。	○幼児：不安にならないようにあらかじめ二人組をつくり，行動できるようにする。

どのお店（食べ物，ゲームなど）に行くか決める。 ・どうしていいかわからなかったり，出店の場所がわからなかったりして，戸惑っている幼児もいる。	・「どの味がいいですか？」「ここから投げてください」など，お店の人になりきって，何のお店か，どうしたらよいかなどわかるように言葉で伝えたり，動きで知らせたりする。 ・お店を探していたり，困っていたりしている幼児に声をかける。 ・お店の人になることに一生懸命で，幼児の姿に気づかなかったり，言葉で伝えられなかったりする児童もいるので，同じお店の児童同士で声をかけ合う。	○児童：お店の人としての動きを具体的に認め，自信をもてるようにする。また周りの児童への刺激となるよう声をかける。 ○児童：幼児の思いに気持ちが向くように声をかける。 ○幼児：保育者や小学校教諭が幼児に「1年生に聞いてみよう」と声をかけ，交流ができるよう配慮する。
10:20　4　みんなで集まる。 ・楽しかったことや印象に残ったことなどの感想を言う。 ・お礼を言う。	4　みんなで集まる。 ・幼児に喜んでもらえてよかったことなどの感想を言う。 ・お礼を言う。	

評　価

幼児○「朝顔まつり」を楽しみ，1年生や小学校の教師とかかわる中で親しみを感じたか。

児童○幼児を楽しませたり，役に立ったりしたことに喜びを感じられたか。計画通りにお店が実現できたか。

事後の指導

幼児○参加した「朝顔まつり」を振り返り，楽しかったこと，うれしかったことを学級で話す。

○1年生が準備してくれたこと，世話をしてくれたことを振り返る。

児童○お店の運営や幼児への対応で工夫したことや感想等を発表する。教師は児童の発言を認め，来てもらってよかったという思いを高めるようにする。

○困ったことや気づいたことを出し合い，自分だったらどうするかを話し合う。

保育者と教師の話し合い

幼児・児童がそれぞれどんなことを経験したか。ねらいに沿った活動であったか。また，保育者・小学校教諭の援助・指導はどうであったかを振り返り，評価する。今回の経験をどう生かして次回はどのような活動や計画にするかを話し合う。

（東京都台東区教育委員会，2012より抜粋）

幼小の連携の中で，幼児と児童が一緒に活動し双方にとって意義のある交流活動となるようにするとともに，継続的に取り組み，交流が深ま

るようにすることが大切です。交流する中で，幼児は憧れの気持ちをもったり，小学校への親しみや期待感をもったりするようになります。また，児童にとっては自分の成長に気づいたり，幼児への思いやりの気持ちを育んだりする機会にもなります。幼児と児童の交流の中で大事なことは，「互恵性」であるといえます。互いにメリットのある交流にすることが，活動を充実させることになり，幼児・児童の体験が豊かなものになっていきます。そのためには，相互のねらいに対応した活動となるよう指導計画を作成したり，教材を研究したり，事前事後の打ち合わせ等を行ったりすることが大切です。

　また，発達や学びの連続性を確保するためにも，相互の教育内容や指導方法の違い・共通点，幼児や児童の実態について理解を深めることが必要です。保育者と小学校教諭の意見交換や合同の研究会，保育参観や授業参観の機会をもつことが大切です。

演習課題
① 協同性を育てるためには，どのような経験が必要でしょうか。
② 協同性が育つ場面として，生活や遊びを進める場面や話し合いの場面等を想定し，指導案を立案してみましょう。
③ 幼小接続の必要性や子ども同士の交流の意義について，自分たちの体験を踏まえて話し合いましょう。
④ 小学校との交流活動を考え，計画案を立ててみましょう。

引用・参考文献
厚生労働省（2018）『保育所保育指針解説』フレーベル館
田代和美・榎本眞実編著（2019）『演習　保育内容「人間関係」』建帛社
東京都台東区教育委員会（2012）「台東区幼児教育共通カリキュラム」台東区教育委員会指導課
文部科学省（2018）『幼稚園教育要領解説』フレーベル館
文部科学省（2021）『幼児の思いをつなぐ指導計画の作成と保育の展開』チャイルド本社
文部科学省（2022）「幼保小の架け橋プログラム実施に向けての手引き（初版）」https://www.mext.go.jp/content/20220405-mxt_youji-000021702_3.pdf（2023年2月7日アクセス）
文部科学省（2022）「次期教育振興基本計画の策定について（諮問）」https://www.mext.go.jp/content/20220210-mxt_soseisk01-000020556_1.pdf（2023年2月7日アクセス）
谷田貝公昭監修（2018）『コンパクト版　保育内容シリーズ②人間関係』一藝社

第**13**章 発達や学びの連続性を踏まえた幼児教育

■学びのポイント■

●幼児期から児童期への発達や学びの連続性について確認しましょう。
●幼児教育と小学校教育の「連携」「接続」の考え方を学びましょう。
●事例を通して人とのかかわりの連続性を考えましょう。

　乳幼児期に育まれた人とかかわる力は，生涯にわたりその人の人間関係を支えていきます。園での人とかかわる体験や，そこで育まれる資質・能力を小学校へつないでいくことが重要です。この章では，幼小連携，接続の基本的な考え方を押さえたうえで，接続の時期の子どもの姿を通して児童期へと続く人とのかかわりについて学びます。

1 幼児期から児童期への発達や学びの連続性

　人は生まれたときから生涯にわたって発達や学びが続きます。第1章でふれたように，幼稚園教育要領，保育所保育指針，幼保連携型認定こども園教育・保育要領（以下，「要領・指針」とする）と学習指導要領では，育成を目指す「資質・能力」（4頁参照）を0歳から18歳を見通して育み続けていくことが示されています。乳児期から高等学校卒業まで，心身の発達や学校段階等により学ぶ内容や方法は変わりますが，一人ひとりの発達や学びをつないでいくことが求められています。

　幼児教育と小学校教育の接続（以下，「幼小接続」とする）というと，年長児が小学校生活に円滑に移行することに焦点が当たりがちですが，幼児教育のすべての時期で育まれてきたことが，小学校以降の生活や学習に続いていくのだという観点が重要です。事例をみていきましょう。

▷1　幼小接続
本章では保育所，幼稚園，認定こども園で行われる幼児教育と小学校教育の接続という意味合いで「幼小接続」を使用する。幼小接続，保幼小接続，保幼こ小接続など様々な呼び方がある。

【事例13-1　お母さんくるよ，大丈夫だよ（3歳児，4歳児4月）】

　3歳児で入園したばかりのミサコが，園服やかばんを身に付けたまま，ロッカーでおうちに帰りたいと泣いています。通りがかった4歳児のショウが足を止めて見ています。しばらくすると，ミサコの近くに行って顔をのぞきこむようにして「帰りたいの？大丈夫だよ，お母さんくるよ」とやさしく

話しかけています。

（＊幼児名はすべて仮名）

　こうした姿は，様々な園で見られるものです。ショウは自分が入園したときのことや友達の姿，そのときの年長児や保育者のかかわりなどの体験から，泣いている３歳児の気持ちを感じ取り，自分なりの方法でかかわっています。

　次は，小学校入学後間もない時期の事例です。

【事例13-2　手伝おうか？（１年生４月）】
　ケンは登校後ランドセルを置き，名札を付けています。名札の安全ピンがうまく留められずに苦戦しています。そのことに気づいたユリエが近づき，「難しい？私，できるから手伝おうか？」と聞きます。ケンは「うん」とうなずきます。名札を付けてもらうと「ありがとう」と言い，ユリエは「どういたしまして」と答えました。その後，教室内に設置してある遊具にそれぞれ向かいました。

　こうした姿も多くの小学校で見られることでしょう。小学校入学までの園での体験の積み重ねとともに，友達の様子に気づき自分からかかわっていく，友達の話を受け止め助けてもらい，言葉で伝え合うという，それぞれがもっている力を発揮しています。この背景には，身支度をする時間がゆったりと取られ，それぞれの児童が自分なりに行動できる時間や雰囲気があることが読み取れます。

　改めて人とのかかわりの視点から考えてみましょう。この事例の子どもたちの姿は，これまでの体験の積み重ねが現れていると考えることができます。乳児期に特定の大人との愛着関係を育み，安心して泣きや喃語，指さしなどの応答を楽しむことを重ねながら，周囲の人とのかかわりが生まれ，心地よいものとしてその子の中に育まれます。その安心や信頼を基盤に，周囲にいる他の子どもや大人への関心やかかわりが広がっていきます。さらに幼児教育施設での生活の中で，他者と共に過ごす喜びとともに，ときにはうまくいかない葛藤，けんかや仲直り，一緒にやり遂げる満足感など多様な感情体験を重ねる中で人間関係が深まり，助けたり助けられたりしながら協同性や道徳性の芽生えなどが育まれ，小学校生活へとつながっていくのです。

　保育者や小学校教員は，発達や学びの「現在の姿の理解」と「前後の見通し」をもって指導を行うことが必要です。言い換えると，目の前の子どもたちの実態を理解するとともに，この姿の背景にはこれまでのど

のような教育・保育での体験があるのか，また，この姿はその先（進級，進学など）のどのような姿につながっていくのかを理解するということです。

2　幼小接続に関する基本的な考え方

幼小接続は，幼児教育側が小学校教育を先取りして学習などを早くから行うものではなく，小学校教育側が始まりの時期に遊ぶ時間をとればよいというものでもありません。互いの教育を理解したうえで，それぞれの時期にふさわしい教育を充実させ，幼児教育から小学校教育に移行する時期を一緒に考え，実践していくことが大切です。

1　要領・指針，小学校学習指導要領における位置づけ

幼小接続の基本的な考え方について，幼児教育，小学校教育双方の記載を確認します。

①要領・指針における記載——幼児教育をしっかりと行うことの重要性

要領・指針では，小学校教育との接続に当たっての留意事項として，以下のように示されています。

> (1)　幼稚園においては，幼稚園教育が，小学校以降の生活や学習の基盤の育成につながることに配慮し，幼児期にふさわしい生活を通して，創造的な思考や主体的な生活態度などの基礎を培うようにするものとする。
> (2)　幼稚園教育において育まれた資質・能力を踏まえ，小学校教育が円滑に行われるよう，小学校の教師との意見交換や合同の研究の機会などを設け，「幼児期の終わりまでに育ってほしい姿」を共有するなど連携を図り，幼稚園教育と小学校教育との円滑な接続を図るよう努めるものとする（下線は筆者による）。

(1)では小学校以降の生活や学習の基盤の育成について，(2)では小学校教育との接続について示されています。

幼児期にふさわしい生活の中で，子どもが出会ういろいろな事柄に対して，自分のしたいことが広がっていきながら，たとえうまくできなくてもそのままあきらめてしまうのではなく，さらに考え工夫していくことなどや，様々なことに関心をもってやってみようとする態度などを育みます。そのことが小学校以降の生活や学習の基盤につながると示されており，環境を通して行う教育をしっかりと実践することが重要です。

▷ 2　引用は幼稚園教育要領から行っているが，要領・指針すべてに同様に記載されている。

▷ 3　幼稚園教育要領第1章「総則」第3「教育課程の役割と編成等」5「小学校教育との接続に当たっての留意事項」

②小学校学習指導要領における記載
―――幼児教育で育まれてきたことを踏まえた教育活動の工夫

小学校学習指導要領においては，以下のように示されています。

> 　教育課程の編成に当たっては，次の事項に配慮しながら，学校段階等間の接続を図るものとする。
>
> (1)　幼児期の終わりまでに育ってほしい姿を踏まえた指導を工夫することにより，幼稚園教育要領等に基づく幼児期の教育を通して育まれた資質・能力を踏まえて教育活動を実施し，児童が主体的に自己を発揮しながら学びに向かうことが可能となるようにすること。
>
> 　また，低学年における教育全体において，例えば生活科において育成する自立し生活を豊かにしていくための資質・能力が，他教科等の学習においても生かされるようにするなど，教科等間の関連を積極的に図り，幼児期の教育及び中学年以降の教育との円滑な接続が図られるよう工夫すること。特に，<u>小学校入学当初においては，幼児期において自発的な活動としての遊びを通して育まれてきたことが，各教科等における学習に円滑に接続されるよう，生活科を中心に，合科的・関連的な指導や弾力的な時間割の設定など，指導の工夫や指導計画の作成を行うこと</u>[4]（以下略，下線は筆者による）。

▷ 4　小学校学習指導要領第1章「総則」第2「教育課程の編成」4「学校段階等間の接続」

　下線部分がスタートカリキュラムを指しています。入学した児童が，幼児教育における遊びや生活を通した学びと育ちを基礎として，主体的に自己を発揮しながら学びに向かうことが可能となるようにするためのスタートカリキュラムをすべての小学校で作成することが示されています。そのための資料集[5]なども刊行され，インターネットでも公開されています。

▷ 5　『スタートカリキュラムスタートブック』（文部科学省国立教育政策研究所教育課程研究センター，2015）
『発達や学びをつなぐスタートカリキュラム　スタートカリキュラム導入・実践の手引き』（文部科学省国立教育政策研究所教育課程研究センター，2018）

③幼保小の「架け橋期」の考え方

　2022（令和4）年3月に「幼児教育と小学校教育の架け橋特別委員会」（中央教育審議会初等中等教育分科会の下に設置）において審議経過報告が取りまとめられ，「幼保小の架け橋プログラムの実施[6]」が示されました。このプログラムは，子どもにかかわる大人が立場を越えて連携し，「架け橋期」にふさわしい主体的・対話的で深い学びの実現を図り，一人ひとりの多様性に配慮したうえですべての子どもに学びや生活の基盤を育むことを目指すものとされています。5歳児と小学校1年生の2年間を「架け橋期」として一体的にとらえ，この時期の教育を共通の視点から検討，実施していくことやそのための方策などが示されています。

　「架け橋期」については次のように述べられています。

▷ 6　「幼保小の架け橋プログラム」（文部科学省，2022）
→154頁参照

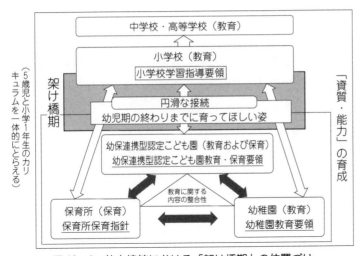

図13-1　幼小接続における「架け橋期」の位置づけ

出所：文部科学省「幼稚園教育要領説明資料」をもとに筆者作成

　義務教育開始前となる5歳児は，それまでの経験を生かしながら新たな課題を発見し，新しい方法を考えたり試したりして実現しようとしていく時期です。また，義務教育の初年度となる小学校1年生は，自分の好きなことや得意なことが分かってくる中で，それ以降の学びや生活へと発展していく力を身に付ける時期です。このように，義務教育開始前後の5歳児から小学校1年生の2年間は，生涯にわたる学びや生活の基盤をつくるために重要な時期であり，「架け橋期」と呼ぶことにしました。

　0歳から18歳を見通した学びの連続性の中で「架け橋期」を一体としてとらえ，幼小接続を一層推進していくことが子どもの教育・保育に携わる関係者に求められています（図13-1）。

2　「連携」を行い「接続」を進める

①「連携」と「接続」

　「連携」と「接続」はつながるという意味合いで似ている言葉にみえますが，使い分けられています。

- 「連携」…幼児教育施設と小学校の施設，組織，人などがつながることを指しています。

　　例）保育や授業の相互参観，保育者と小学校教員の合同の研修会，幼児と児童の交流活動を行うなど

- 「接続」…幼児教育と小学校教育がつながることを指しています。

　　例）教育の内容や方法，カリキュラムなど

　「連携」を通して，保育者と小学校教員が互いの教育を知って相互理解を深め，幼児期から児童期への長期的な視点をもって子どもたちの発

達や学びをとらえ共有することが大切です。そのための一つのツールが「幼児期の終わりまでに育ってほしい姿」です（5～7頁参照）。示されている10の項目を視点にするなどしながら，各園の5歳児の姿や学び，幼児教育での環境の構成や保育者の援助等，また1年生の姿や指導を具体的に伝え合うなど，一層の活用が求められています。

②「連携」の考え方

　園と小学校の連携では，様々な取り組みが行われています。たとえば，東京都教育委員会で発行している連携に関する資料では，視点1：幼児と児童の交流，視点2：保育士・教員の研修，視点3：保護者への理解啓発，の3つの視点から連携を進めていくことが提言されています。

　また，園と小学校の連携にあたっては，互恵性と計画性がキーワードになります。

　〇互恵性があること

- 交流活動はともすればイベント的なものとして，楽しく円滑に進むことに重点が置かれがちです。しかし，様々な活動は，幼児，児童それぞれの育ちにとって意味のあることが大切です。そのためには，幼児，児童の双方の発達やそれまでの経緯，交流活動で育てたいと思っていることなどを，相互に理解しておくことが大切です。

- 保育者，小学校教員にとっても，顔なじみになったり，子どもたちの姿を気軽に話し合えるようになったりするなどの信頼関係や協力関係の構築が生まれます。

- 「連携」の取り組みを保護者が知ることによって，わが子の育ちに見通しをもち，保護者の小学校入学への不安軽減などにつながります。

　〇計画的に行うこと

- 園と小学校，それぞれの窓口になる担当を管理職以外にも決めておく，交流活動や合同の研修会などを園と小学校それぞれの年間計画に位置づけるなどが行われています。

- 幼児，児童の発達や学びの状況を踏まえて（表13-1参照），活動のねらいや内容を検討することが大切です。

- 園の保護者会で小学校校長や教員が1年生の様子や年長児の今，大切にしておきたいことを伝える，入学説明会のときに現1年生の担任からスタートカリキュラムの実際を説明するなどが行われています。

③「接続」の考え方

　「接続」は，幼児教育と小学校教育がつながることを指しています。そのため，それぞれの時期にふさわしい教育が充実するよう，カリキュラムや指導の工夫が求められています。また，5歳児後半の子どもの具

▷7　「就学前教育プログラム」（東京都教育委員会, 2010）
2008年の学習指導要領等の改訂で示された「幼小連携」を踏まえて，作成された資料。

表13-1　幼児と児童の交流

連携の方策の視点	内容の趣旨
幼児と児童の交流	○小学校の教育活動において幼児と児童が交流することで，幼児には児童への憧れや小学校生活への期待感を高めるようにし，児童には自分の成長への気付きや幼児への思いやりの気持ちをはぐくむようにする。 ○幼児の小学校生活への不安を解消し，児童への憧れや小学校生活への期待感を高めるようにするために，次のような過程で，幼児と児童が交流する活動を年間にわたって構成する。 【興味・関心をもつ段階】…小学校の教育活動において児童の活動の様子を見学することを通して，小学校の「ひと・もの・こと」に興味・関心をもつ。 ↓ 【慣れ親しむ段階】…小学校の教育活動において児童と一緒に活動し触れ合うことを通して，小学校の「ひと・もの・こと」に慣れ親しむ。 ↓ 【期待感を高める段階】…小学校の教育活動において児童と協同的な活動を行うことを通して，小学校生活への期待感を高める。

出所：東京都教育委員会，2010，7頁

体的な遊びや生活の姿，そこで学んでいること，それを支える保育者の指導（環境構成や援助など）を保育者と小学校教員が共通理解して教育を円滑につないでいくことができるよう，「幼児期の終わりまでに育ってほしい姿」の一層の活用が期待されています。

○接続のカリキュラム[8]（幼児教育）

小学校教育への接続を見通して，主に5歳児を念頭に園で取り組まれるものです。小学校教育を先取りして行うものではなく，環境を通して行うことを基本にした5歳児としての教育の充実を図るものです。「幼児期の終わりまでに育ってほしい姿」を念頭に置き，そうした姿が自然にみられてくるような体験ができるカリキュラムになっているか，育みたい資質・能力の観点からはどうかなど，現在行っている教育を確認，改善して充実が求められています。

○スタートカリキュラム（小学校教育）

スタートカリキュラムをデザインする際には，幼児期の発達や遊びを通した総合的な学びが小学校の学習や生活において発揮できるように，また，児童の思いや願いをきっかけとして始まる学びが自然に教科等の学習につながっていくように，単元の構成と配列を行うことが大切とされています。週案を作成する際に参考とする活動の類型として，次のような例示がなされています（文部科学省国立教育政策研究所教育課程研究センター，2018）。

• 一人ひとりが安心感をもち，新しい人間関係を築いていくことをねら

▷8　接続のカリキュラム
「アプローチカリキュラム」等，呼称は様々である。小学校におけるスタートカリキュラムとは違い，要領・指針上で作成が義務付けられているものではない。期間や内容は各園の実情に応じて工夫されるが，小学校の準備教育のような特別なものでないことに留意が必要である。

いとした活動（安心をつくる時間）

- 合科的・関連的な指導による生活科を中心とした学習活動
- 教科等を中心とした学習活動

　スタートカリキュラムの作成，実施，改善に長く取り組んできたＡ校長は次のように記しています（寳來，2023より筆者要約）。

　「Ａさん，『考えないスイッチ』が入らないようにしてね」。ある園長先生から言われた言葉です。幼児期は遊びを通して様々なことを学んでいる。毎日，自分で考え自分で行動している。それが小学校に入学すると，椅子に静かに座っていると「いい子ですね」と先生からほめられる。「小学校はこうしておけばいいのかな」と子どもたちに「考えないスイッチ」が入ってしまう。こうした話を受け，１年生になっても園のときのように「考えるスイッチ」を入れて毎日を過ごしてほしいと考えています。そのために「あなたたちのことを知りたい，教えて，きかせて，みんなで考えよう。園ではどうだった？どうしたいの？」というこれまでの子どもたちの育ちを尊重する本気の質問を大切にし，学校生活すべてを子どもの学びの場と考え，子どもに聞くという姿勢で働きかけていきました。

③　接続期の事例からみる人とのかかわり

　ここまで，子どもの発達や学びの連続性を踏まえた教育・保育の重要性やその考え方などを確認してきました。最後に，接続の時期の事例を人とのかかわりの視点からみていきましょう。

1　園における事例

> **【事例 13 - 3　オレたち，がんばろうな（４歳児２月）】**
> 　５歳児が１年生に招待されて，併設されている小学校へ出かけて行った日のことです。４歳児のリンとシュウヤは，クラスでの集まりの後，年長の保育室の入り口に二人で立ち，電気の消えた静かな保育室の中をしばらく見ていました。リン「年長さん，行っちゃったね……」。シュウヤ「うん，オレたちがんばろうな」。リン「うん」。しみじみと，そしてきっぱりとした雰囲気でした。
>
> （＊幼児名はすべて仮名）

　このときの４歳児クラスの集まりでは，年長さんがもうすぐ１年生になること，年長さんが行っていた当番などを来週教えてもらえることを

話題にしていました。二人は年長になる喜びと期待を感じていたことでしょう。そこに偶然出会った，誰もいない静かな5歳児の保育室の様子から，年長さんとのお別れや進級することの実感をもったのかもしれません。この事例は，5歳児との直接的な交流活動ではないところでも，心のバトンタッチがあることを教えてくれます。園生活全体の相互作用の中で生まれるこうした心の動きを，保育者が理解し予想しながら，接続の時期の保育を展開することが大切です。

【事例13−4　先生，手伝ってもらえますか？（教員，5歳児11月）】

　5歳児の中で竹馬が流行っています。より高い竹馬に乗れるように，より遠くまで乗れるように，とそれぞれが自分なりの目当てをもち繰り返し取り組んでいます。サチが竹馬の足台を高くしたいと担任の保育者に頼みましたが，固く締まっていてどうやっても動かすことができません。保育者が20分休みに保育を見に来ていた小学校の教員に声をかけました。「先生，全然動かないんです。手伝ってもらえますか？」小学校の教員は「もちろん。これはかたいなあ」と言いながら保育者と一緒に足台を上げました。近くで見ていたサチに竹馬をわたしながら，「この前よりももっと高いのに挑戦しているんだね。がんばってるね」と声をかけると，サチは「うん！」とますます張り切って取り組み始めました。

　この事例には，「連携」を重ねている保育者と小学校教員の自然なかかわりの姿があります。大人同士が安心して親しくかかわったり助け合ったりする姿を子どもたちはよく見ています。さらに小学校の先生との直接のかかわりを通して，小学校への安心感や憧れを抱くことにもつながるでしょう。何より，人と人とがかかわることのモデルを間近に見ることにとても大きな意味があります。

【事例13−5　お別れパーティーで泥団子？（5歳児2月）】

　それまで行っていた当番活動を4歳児と一緒に行い，お別れ遠足に行き，小学校で給食の体験をするなど，もうすぐ1年生になるという雰囲気がクラスの中で高まってきています。

　ある日，4歳児と一緒にドッジボールをしていた幼児が，保育室に帰ってきて「もうすぐお別れだから，パーティーするのはどうかな」と言いました。保育者は集まりのときにクラスの友達に伝える機会を設けました。みんなが「いい考え」「やろう」と口々に言い，賛成しました。

　保育者も仲間に入り，いつ，どこで，誰を呼んで，何をするのかなどを出し合い，整理していきます。その中で，ハルとキョウカが「私たち，ピカピカの泥団子のつくり方を教えたい」と言います。数人の幼児は泥団子づくりが好きで，「名人」と言われるほどの腕前です。「名人だもんね」「それいいね」という同意のほかに，「でも，時間かかるじゃん」「パーティーで泥だら

けは変だと思う」などの意見も出てきました。しばらくいろいろな意見が出たり考え込んだりした後，ミナトが「じゃあ，お化け屋敷のときみたいに，予約すれば？」と言います。すると他の幼児が「ああ，あれ！」「それならいいんじゃない」と，意見が活発に出ました。結局，泥団子名人は4人になり，事前に4歳児の希望者を聞きに行きました。希望した4歳児の名前を書いた予約券をつくってお別れパーティー当日にわたし，後日約束をして泥団子を一緒につくりました。

　この事例では，友達の考えからクラスの目的が生まれ，一人ひとりが自分のこととして受け止めながら，自分のやりたいこと，友達の得意なことを生かしながら取り組んでいこうとする姿がみられます。うまくいかないこと（課題）に出合うと，それまでの体験を総動員して何とか解決しようとし，そこで新たな考えが生まれ，友達と一緒にやり遂げた満足感を味わうようになります。こうした体験を十分にできるように，接続の時期のカリキュラムを充実させていくことが大切です。またこのような活動（遊び）の過程やそこでの保育者の援助を具体的に伝え，保育者と小学校教員が共有することが大切です。

2　小学校における事例

　小学校1年生のスタートカリキュラムの時期の事例です。

【事例13－6　そろそろ集まりかも（1年生4月）】

　入学から5日目。一人ひとりが安心感をもち新しい人間関係を築いていくことをねらいとして，1年生全員が校庭で自由に遊ぶ時間を設けています。チャイムや指示ではなく，教員が朝礼台のところで旗を持つと，教室に入る合図です。
　5人の児童が，校舎の裏側でダンゴムシ探しを始めました。初めて出会う友達もいる様子で，互いに自分の名前を言ったりしながらダンゴムシを探しています。しばらく経つと一人の子が「そろそろ集まりかも。見てくる」と言って校庭に行き，「大変，もう旗が立ってる！」と走って帰ってきました。子どもたちは口々に「大変」「急ごう」「また明日やろうね」などと言いながら，朝礼台に走っていき，それぞれ自分のクラスの場所に並びました。

【事例13－7　はてなをかいけつ　みんなでかいけつ（1年生4月）】

　「ランドセルはどうするの？」「水筒はどうするの？」入学式の翌日から教室は子どもたちのはてなでいっぱいです。一つひとつのはてなにすぐに答えてしまわずに「いいはてなだね。みんなに言ってみたら」と短冊に書き留めて黒板に貼っていきました。
　1年1組では，「ぞうきんをどうしようか？」についてクラスで話し合い

ました。自分で考えて椅子の下にある洗濯バサミにぞうきんをはさんでいる子もいました。それを見て，「だけど，このままだと床についちゃって汚いよ」「だったらこうやって二つに畳んではさんだらいいんじゃない」頭を働かせてよりよい考えを出し合い，はてなを解決していった子どもたち。担任も思いつかなかった方法だったので，感心したことを学級だよりで保護者に伝えました。

（賢來，2023，60頁）

どちらの事例も，子ども自身が気づき，気づいたことを発信し，友達と一緒に考えながら主体的に行動する姿がみられます。遊びや生活を通して総合的に学ぶという幼児教育の方法や5歳児が学んできたことを踏まえたスタートカリキュラムの実施により，入学当初から子どもが自分の力を発揮して小学校生活を始めていることが読み取れます。

こうした様々な事例から，人とのかかわりをはじめとして子どもの発達や学びがつながっていることがわかります。小学校に入学して施設や人間関係が変わっても，子どもたちがもてる力を発揮して主体的に取り組む背景には，大人同士がつながり幼児教育と小学校教育を相互に理解する努力をしながら，それぞれの教育活動の中に生かしていくことの重要性が読み取れます。

これからの保育者，小学校等の教員には，5歳児と小学校1年生の時期を一体としてとらえる「架け橋期」の考え方をしっかりと意識し，0歳から18歳のつながりを念頭に置いた広い視野から教育・保育を一緒に考え実践していく力が求められています。

演習課題

○「幼児期の終わりまでに育ってほしい姿」を活用する

　①各項目の文章を読み，人間関係にかかわると思う部分に下線などを引きましょう（第1章　5～6頁参照）。

　②各項目の解説を読み，人間関係にかかわると思う部分に下線などを引きましょう。

　③①，②を踏まえて，考えたこと，保育者として大切にしたいことをまとめ，意見を交流しましょう。

○幼小連携の実際をとらえる

　幼児と児童の交流活動，保育者と小学校教員の合同研修など，幼小連携の実際について資料やインターネット等を活用して調べ，その活動の特徴や意義についてまとめましょう。

引用・参考文献

厚生労働省（2018）『保育所保育指針解説』フレーベル館

東京都教育委員会（2010）「就学前教育プログラム」

内閣府・文部科学省・厚生労働省（2018）『幼保連携型認定こども園教育・保育要領解説』フレーベル館

寶來生志子（2023）「スタートカリキュラムから架け橋期へ──子ども自らが育つ学校づくりへの挑戦」『発達』173，ミネルヴァ書房，56～63頁

文部科学省（2018）『幼稚園教育要領解説』フレーベル館

文部科学省（2022）「幼保小の架け橋プログラム」https://www.mext.go.jp/a_menu/shotou/youchien/1258019_00002.htm（2023年7月15日アクセス）

文部科学省国立教育政策研究所教育課程研究センター（2015）『スタートカリキュラムスタートブック』https://www.nier.go.jp/kaihatsu/pdf/startcurriculum_mini.pdf（2023年7月15日アクセス）

文部科学省国立教育政策研究所教育課程研究センター編著（2018）『発達や学びをつなぐスタートカリキュラム　スタートカリキュラム導入・実践の手引き』学事出版

演習課題 回答のためのヒント

このページでは，「演習課題」の回答例や回答するためのヒントを示しています。
自分で考える際の参考にしましょう。

■第2章

① 領域　人間関係のねらい

・3歳以上児（幼稚園教育要領より抜粋）

人間関係

1　ねらい

(1) 幼稚園生活を楽しみ，自分の力で行動することの充実感を味わう。

(2) 身近な人と親しみ，関わりを深め，工夫したり，協力したりして一緒に活動する楽しさ
　を味わい，愛情や信頼感をもつ。

(3) 社会生活における望ましい習慣や態度を身に付ける。

・1歳以上3歳未満児（保育所保育指針より抜粋）

イ　人間関係

(ア) ねらい

① 保育所での生活を楽しみ，身近な人と関わる心地よさを感じる。

② 周囲の子ども等への興味や関心が高まり，関わりをもとうとする。

③ 保育所の生活の仕方に慣れ，きまりの大切さに気付く。

1歳以上3歳未満児のねらいは個のかかわりが主であるが，3歳以上児では，友達，周囲の
人，社会生活と，かかわる範囲が広がっている。

② 保育者同士の連携や園全体の保育体制など，保護者との連携協力のもとで，安定した子ど
もの生活のために乳児保育における「担当制」を確実に実践することは不可欠といえる。

■第4章

③

　Ⓐ「イヤイヤ期」に特徴的な行動で，反抗したい気持ちと他児との共感から「イヤだ」と言
い，おもしろがっているところもある。対応としては「車と電車どっち片づける？」など選択
をさせる，「○○ちゃんすごいね！」と誰かをほめる，「1，2，3……10までに片づけるよ。
終わったら△△しようね」など目標を掲げるなど。

　Ⓑ「がんばってるね」とほめて，見守る姿勢が基本だが，タイミングをみて「少しお手伝い
してもいい？」と聞いてから助け舟を出す，最後は自分でできたという達成感で終わるように
工夫するなど。

■第7章

① キーワードを手がかりに，「大切にしたいこと」をまとめていきましょう。

・キーワード　安定感・愛着・少子化・共働き世代

② 様々な人と温かな人間関係が築ける力をつけるために，例１：地域の様々な活動について知ったり参加したりする。例２：心理学等で人とのかかわりの効果や意味を学ぶ。例３：学内の自治活動に参加して主体的に人とかかわる力を養う。

③ 例１：日々の生活の中で地域の人々と心の通うかかわり合いができるようにすること。例２：地域の人材の力を生かす機会をつくること。例３：様々な出会いやかかわりが生まれる機会をつくること　等。

■第9章

事例問題9−1

　　まずは，保護者がわが子を心配する気持ちを受け止めましょう。そのうえで，Ｊちゃんの実際の様子を降園時に口頭で伝えたり，連絡ノートに記入したりして，クラスで楽しく生活していることを保護者に知ってほしいですね。また，お母さんと離れがたいことや，気持ちの切り替えがきちんとできていることは，Ｊちゃんの愛着関係が形成されている証拠であることも伝えるとよいでしょう。

　　他にも，Ｊちゃんが登園後に遊び始める姿を，陰からお母さんに見てもらうということも考えられます。保護者が保育所を信頼し，安心して保育者に任せられるという関係性を築いていきましょう。

事例問題9−2

・午前中に運動遊びをたくさん取り入れて，お腹を空かせる。

・園の献立と同じものを家でも調理して，あらかじめＫくんに食べてもらう。

・園で米飯は食べているし，家ではおかずも食べているというので，しばらく様子を見る。

・家と同じ食器を使う。

など，いろいろな対応が考えられますね。いずれにしても，園だけで判断せずに保護者と相談し，無理強いはしなくてもよいか，好きなものだけを食べていれば問題ないかなど，保護者の方針を確認し，家庭と園が歩調を合わせて子どもと向かい合い，保育を続けていくことが肝要です。

　　また，3歳をむかえる子どもの場合，たとえば白米以外を食べたときにほめられることが自信になる子どもがいる反面，過剰な賞賛によって，より頑なになってしまう子どももいます。保育者には，「子ども一人ひとりの様子を見て声をかける」という，子ども理解の視点が重要になります。

■第11章

① このような状況は，保育者が一番悩むことだといわれます。「今ここで活動できているのはえらいこと」とほめてあげたいですが，そうすることで，「出て行った子は，えらくない子」「悪い子」ということにもなります。「もうすぐ，戻ってくると思うよ」「待っていようね」とやんわり受け止め，そのことについてあまり詳しく説明しないことも一つの方法です。そのときの表情が温かければ，子どもたちもその先を追及することもないかもしれません。

年齢にもよりますが，事実を正しく説明することのみが正しい対応ではないと思います。「〇〇ちゃんは，じっとしていられない障害だから，気にしないで」「特別に許してあげよう」と伝えればその場は収まりますが，子ども同士のよい関係を築くことはできなくなると思います。保育者の温かいかかわり方が見本です。

② 　日本でお菓子のように食べているものが，他の国では，白いご飯のように主食として食べられていることもあることを説明してもよいですね。お弁当箱を開けると，ヌードル（カップラーメンのゆでた麺，汁なし）や，水餃子だけということもありました。人と違うことに対する違和感がなくなるよい機会です。園で相談して，傷みやすい，食べにくい，匂いが強いなどの食べ物は事情を説明して控えてもらい，その他のものは上手に受け入れていくようにしたいものです。

索　引

(＊は人名)

《執筆者紹介》（執筆順，執筆分担，＊は編者）

＊河合　優子（かわい ゆうこ）はじめに，第1章，第13章
　　編著者紹介参照。

＊大澤　洋美（おおさわ ひろみ）第2章第1節，第7章第3節
　　編著者紹介参照。

　塩谷　　香（しおや かおり）第2章第2，3節
　　現　在　國學院大學人間開発学部教授。
　　主　著　『保育がうまくいく魔法の言葉かけ』ひかりのくに，2013年。
　　　　　　『保育者の常識とマナー』少年写真新聞社，2012年。

　入澤　里子（いりさわ さとこ）第2章第4節，第7章第2節，第10章第1，2節
　　現　在　植草学園大学発達教育学部教授。
　　主　著　『幼保連携型認定こども園における園児が心を寄せる環境の構成』（共著）フレーベル館，2022年。
　　　　　　『幼児の思いをつなぐ指導計画の作成と保育の展開』（共著）チャイルド本社，2021年。

＊佐々木　晃（ささき あきら）第3章，第6章
　　編著者紹介参照。

　小泉左江子（こいずみ さえこ）第4章
　　現　在　東京純心大学現代文化学部教授。
　　主　著　『保育の心理学——子どもの輝く未来のために』（共著）ナカニシヤ出版，2012年。
　　　　　　『障害児保育——子どもとともに成長する保育者を目指して』（共著）萌文書林，2012年。

　古川由紀子（ふるかわ ゆきこ）第5章
　　現　在　聖徳大学短期大学部保育科教授。
　　主　著　『保育内容「言葉」——乳幼児期の言葉の発達と援助』（共著）ミネルヴァ書房，2020年。
　　　　　　『対話的・深い学びの保育内容　人間関係』（共著）萌文書林，2018年。

　津久井康明（つくい やすあき）第7章第1節
　　現　在　東京成徳短期大学幼児教育科准教授。
　　主　著　『子ども家庭支援論——子どもを中心とした家庭支援』（共著）教育情報出版，2022年。

　深津さよこ（ふかつ さよこ）第8章
　　現　在　聖徳大学教育学部准教授。
　　主　著　『ワークで学ぶ乳児保育』（共著）みらい，2022年。
　　　　　　『子ども家庭支援論』（共著）建帛社，2019年。

　菊地　一晴（きくち かつはる）第9章
　　現　在　聖徳大学教育学部講師。
　　主　著　『現代の子どもをめぐる発達心理学と臨床』（共著）福村出版，2021年。
　　　　　　『保育原理——子どもの保育の基本理論の理解』（共著）萌文書林，2019年。

親泊絵里子（しんぱく えりこ）第10章第3，4節
　　現　在　品川区立台場幼稚園副園長。

足立　祐子（あだち ゆうこ）第11章
　　現　在　台東区立富士幼稚園園長。

井口　厚子（いぐち あつこ）第12章
　　現　在　聖徳大学教育学部教授。
　　主　著　『保育内容「言葉」——乳幼児期の言葉の発達と援助』（共著）ミネルヴァ書房，2020年。
　　　　　　『心をつなぎ　時をつむぐ——地域に開かれた幼稚園の実践』（共著）ミネルヴァ書房，2003年。

《編著者紹介》

河合　優子（かわい　ゆうこ）
　現　在　聖徳大学大学院教職研究科・教育学部教授。
　主　著　『保育内容「言葉」──乳幼児期の言葉の発達と援助』（共著）ミネルヴァ書房，2020年。
　　　　　『保育原理』（共著）光生館，2019年。

大澤　洋美（おおさわ　ひろみ）
　現　在　東京成徳短期大学幼児教育科教授。
　主　著　『0〜6歳児「豊かな環境をつくる」保育』（編著）東洋館出版社，2023年。
　　　　　『幼保連携型認定こども園園児指導要録　記入の実際と用語例』（共著）鈴木出版，2019年。

佐々木　晃（ささき　あきら）
　現　在　鳴門教育大学大学院学校教育研究科教授。
　主　著　『遊誘財・子ども・保育者』（共著）郁洋舎，2022年。
　　　　　『0〜5歳児の非認知的能力』チャイルド本社，2018年。

領域｜人間関係｜
──乳幼児期にふさわしい生活で育む──

2024年2月10日　初版第1刷発行　　　　　〈検印省略〉

定価はカバーに
表示しています

　　　　　　　河　合　優　子
編 著 者　　　大　澤　洋　美
　　　　　　　佐 々 木　　晃
発 行 者　　　杉　田　啓　三
印 刷 者　　　坂　本　喜　杏

発行所　株式会社　ミネルヴァ書房
　　　607-8494　京都市山科区日ノ岡堤谷町1
　　　　　　　　電話代表　(075)581-5191
　　　　　　　　振替口座　01020-0-8076

ISBN 978-4-623-09605-3
Printed in Japan

保育内容「言葉」
——乳幼児期の言葉の発達と援助

塩 美佐枝・古川寿子 編著　　　　　　　　　　B 5 判　184頁　本体2200円

●21世紀を子どもたちが豊かに生き抜いていくのに必要な力の一つとして，コミュニケーション力が重要視されている。豊かな言葉を獲得し，言葉のもつ力を使って考えたり，表現したり，想像したりして，人と協力して新たな価値を生み出していける子どもたちを育てるにはどうすればよいか。本書は，指導の参考となるように，言葉の役割，言葉の獲得と発達，環境と言葉などについて具体的にわかりやすく解説する。事例を豊富にとりいれた初学者向けの教科書。

保育内容「健康」
——遊びや生活から健やかな心と体を育む

重安智子・安見克夫 編著　　　　　　　　　　B 5 判　192頁　本体2400円

●親の価値観や生活スタイルが大きく変わり，子どもを取り巻く環境が急激に変化しているいま，子どもたちの心と体の健康をどう守っていくかが重要な課題となっている。そんななか幼稚園や保育所，認定こども園等では，子どもたちの健康の保持・増進を図ることが求められている。本書は，子どもたちの丈夫な体，豊かな心，体力や運動能力・意欲等を育む指導方法とは何かを，子どもたちの生活のあり方を考えつつやさしく解説する。豊富な実践例も掲載した初学者必携のテキスト。

保育・幼児教育・子ども家庭福祉辞典

中坪史典・山下文一・松井剛太・伊藤嘉余子・立花直樹 編集委員

　　　　　　　　　　　　　　　　　　　　　　4-6判　640頁　本体2500円

●子ども，保育，教育，家庭福祉に関連する多様な分野の基本的事項や最新動向を網羅し，学習から実務まで役立つ約2000語を収載した。実践者，研究者，行政関係者，将来は保育や教育の仕事に携わろうとする学生，子育てを行う保護者，これから子育てを担う人たちなど，子どもに関わる様々な人々を傍らから支える用語辞典。テーマごとの体系的な配列により，「読む」ことで理解を深められる。

最新保育小六法・資料集2023

大豆生田啓友・三谷大紀 編　　　　　　　　　A 5 判　832頁　本体2000円

●保育者という専門職として知っておきたい，最新の各種法令や通知，関連文書，統計データなど，保育・幼児教育の基礎資料を収録した「最新保育資料集」がリニューアル。新たに制定されたこども基本法を収録したほか，児童福祉法の大幅な改正に対応。また，保幼小の架け橋プログラムなどこれからの制度の動向がわかる関連文書も充実した。保育を学ぶ学生や，現場で実践に携わる人のための必携書。